DR. OETKER

FONDUE

Neue Rezeptideen für Fondue und Raclette

DR. OETKER

FONDUE

Neue Rezeptideen für Fondue und Raclette

CERES

Vorwort

Fondue und Raclette, das sind die Rezepte für das gesellige Beisammensein mit Freunden. Für den Gastgeber ist Fondue überaus praktisch, weil Sie alles rechtzeitig vorbereiten können und dann Zeit haben, sich den Gästen und dem geselligen Essen zu widmen.

Über 80 Rezepte vom klassischen Käsefondue und Fondue bourguignonne, über das unterhaltsame Spiel mit den Pfännchen beim Raclette, über die heute so populären chinesischen Fondues aus der Brühe bis zu lustigen Kinderparties mit süßen Fondues aus Pudding, Sahne und Sahne-Karamell.

Mit den wichtigen Rezepten für Saucen und Beilagen, die zum größten Teil direkt beim Rezept stehen, können Sie aus mehr als 130 Rezepten schöpfen, damit ihr Fondue- oder Raclettegerät nicht weiter einsam im Keller stehen muss.

Abkürzungen

EL = Esslöffel
TL = Teelöffel
Msp. = Messerspitze
Pck. = Packung / Päckchen
g = Gramm
kg = Kilogramm
ml = Milliliter
l = Liter
evtl. = eventuell
geh. = gehäuft
gestr. = gestrichen
TK = Tiefkühlprodukt
°C = Grad Celsius
Ø = Durchmesser
E = Eiweiß
F = Fett
KH = Kohlenhydrate
kcal = Kilokalorie
kj = Kilojoule

Hinweise zu den Rezepten

Die Rezepte aus diesem Buch sind – wenn nicht anders angegeben – für 4–6 Personen berechnet, je nach dem wieviel Beigaben Sie dazu geben und ob Sie noch ein Dessert anschließend servieren.
Lesen Sie bitte vor der Zubereitung – besser noch vor dem Einkaufen – das Rezept einmal vollständig durch. Oft werden Arbeitsabläufe oder -zusammenhänge dann klarer.

Zubereitungshinweise

Die Zubereitungszeit beinhaltet sowohl Vorbereitungszeit als auch eigentliche Zubereitungszeit.
Wenn die Zeiten zum Marinieren, Quellen, Kühlen usw. ausgesprochen lang sind (z. B. über Nacht), sind diese nicht mit einbezogen.

Kapitelübersicht

Käsefondues

Raclette

Aus dem Fettbad

Kapitelübersicht

Käsefondues

Curryfondue

Zutaten

80 g Butter oder Margarine
60 g Weizenmehl
3–4 EL Currypulver
1 l Hühnerbrühe
300 g Doppelrahm-Frischkäse, Cayennepfeffer
gemahlener Kreuzkümmel
2–3 TL Zitronensaft
Salz, Pfeffer

Zubereitungszeit:
20 Minuten

Pro Portion:
E: 18 g, F: 47 g, Kh: 20 g
kJ: 2530, kcal: 606

EINFACH

1 Fett zerlassen. Mehl und Curry darin anschwitzen. Hühnerbrühe unter Rühren nach und nach dazugeben und aufkochen lassen. Bei milder Hitze unter gelegentlichem Rühren 10 Minuten köcheln lassen.

2 Frischkäse unterrühren. Mit Cayenne, Kreuzkümmel, Zitronensaft, Salz und Pfeffer würzen.

Zum Dippen: *300 g blanchierte Blumenkohlröschen, 100 g blanchierte Broccoliröschen, 300 g blanchierte Fenchelspalten, 100 g blanchierte Dicke Bohnen, 200 g blanchierte Möhrenscheiben, Kartoffelbällchen, Omelettstreifen, Reiskugeln und 200 g Weißbrotwürfel.*

Beigaben: *geröstete Brötchenscheiben, marinierte Rettichscheiben, Apfel-Gurkensalat mit Kokos, Spinatsalat und Blattsalate.*

Apfel-Gurken-Salat mit Kokos

Zutaten

10 g Kokosraspel
150 g Salatgurke
1 Apfel (etwa 200 g)
½ Bund Koriander
2 EL Zitronensaft
3 TL Wildblütenhonig
Salz, ½ TL Sambal Oelek
2 EL Walnussöl

Zubereitungszeit:
25 Minuten

Pro Portion:
E: 1 g, F: 8 g, Kh: 11 g
kJ: 533, kcal: 127

1 Kokosraspel in einer Pfanne ohne Fett goldbraun rösten. Gurke waschen und längs halbieren. Kerne mit einem Teelöffel herausschaben. Gurke in dünne Scheiben schneiden. Apfel waschen, vierteln, entkernen und quer in dünne Scheiben schneiden.

2 Koriander abspülen und trockenschütteln. Die Blätter hacken. Aus Zitronensaft, Honig, Salz, Sambal Oelek und Öl eine Salatsauce rühren. Mit den vorbereiteten Salatzutaten mischen. Mit Kokosraspeln bestreuen.

Zutaten

- 2 Brötchen
- 1 Bund Schnittlauch
- 40 g weiche Butter
- 2 EL abgezogene, gemahlene Mandeln
- Salz
- frisch gemahlener Pfeffer

Zubereitungszeit:
20 Minuten

Pro Portion:
E: 3 g, F: 12 g, Kh: 14 g
kJ: 765, kcal: 183

RAFFINIERT

Geröstete Brötchenscheiben

1 Brötchen in 12 Scheiben schneiden. Schnittlauch abspülen, trockenschütteln und in feine Röllchen schneiden. Butter, Schnittlauch und Mandeln verrühren. Mit Salz und Pfeffer würzen.

2 Brötchenscheiben mit der Butter bestreichen und auf einem mit Backpapier belegten Backblech unter dem vorgeheizten Grill des Backofens goldbraun überbacken.

Zutaten

- 2 Eier (Größe M)
- ½ TL Speisestärke
- Salz
- frisch gemahlener Pfeffer
- 1 EL Speiseöl
- 40 g TK-Erbsen

Zubereitungszeit:
20 Minuten

Pro Portion:
E: 4 g, F: 6 g, Kh: 2 g
kJ: 364, kcal: 87

RAFFINIERT

Omelettstreifen

1 Eier mit Handrührgerät mit Rührbesen schaumig schlagen. Stärke unterrühren. Eimasse mit Salz und Pfeffer würzen.

2 Öl in einer Pfanne erhitzen. Eimasse hineingeben und die Erbsen darauf verteilen. Zugedeckt bei schwacher Hitze 5 Minuten stocken lassen. Omelett wenden und weitere 3 Minuten stocken lassen. Omelett aus der Pfanne nehmen, in breite Streifen schneiden.

Reiskugeln

Zutaten
150 g Milchreis
375 ml (⅜ l) Gemüsebrühe
75 g gekochter Schinken
50 g getrocknete Pflaumen (ohne Stein)
1 Eiweiß (Größe M)
Salz
gemahlener Zimt
Cayennepfeffer

1 Reis im geschlossenen Topf in der Brühe ca. 30 Minuten köcheln lassen, bis alle Flüssigkeit aufgenommen ist.

2 Schinken in kleine Würfel schneiden. Pflaumen hacken. Reis abkühlen lassen.

3 Eiweiß steif schlagen, unter den Reis rühren. Schinken und Pflaumen unterheben. Mit Salz, Zimt und Cayenne würzen. Aus der Reismasse mit angefeuchteten Händen etwa 24 kleine Kugeln formen.

Zubereitungszeit:
1 Stunde, ohne Abkühlzeit

Pro Portion:
E: 6 g, F: 4 g, Kh: 12 g
kJ: 495, kcal: 118

RAFFINIERT – GUT VORZUBEREITEN

Kartoffelbällchen

Zutaten
15 g Röstzwiebeln
½ Packung 8 Rohe Klöße (ca. 120 g)
250 ml (¼ l) kaltes Wasser
4 Stiele Koriander (ersatzweise glatte Petersilie)
50 g Nordseekrabbenfleisch
Salz

1 Röstzwiebeln etwas zerdrücken. Kartoffelpulver und Röstzwiebeln in Wasser rühren und 10 Minuten quellen lassen.

2 Koriander abspülen und trockenstupfen. Die Blätter grob hacken und mit dem Krabbenfleisch mischen.

3 Aus dem Kartoffelteig mit angefeuchteten Händen 12 kleine Klöße formen, dabei jeden Kloß mit einem Teil der Krabbenmasse füllen.

4 Kartoffelbällchen in reichlich siedendem Salzwasser 15 Minuten gar ziehen lassen. Herausnehmen und abtropfen lassen.

Zubereitungszeit:
40 Minuten

Pro Portion:
E: 4 g, F: 2 g, Kh: 26 g,
kJ: 609, kcal: 146

RAFFINIERT

Käsefondue von dreierlei Käse

Zutaten

200 g Greyerzer
200 g Raclette
100 g Mozzarella
1 abgezogene, zerdrückte Knoblauchzehe
100 ml Milch
200 ml Weißwein
1 EL Speisestärke
4 EL Weißwein
frisch gemahlener Pfeffer
geriebene Muskatnuss

Zubereitungszeit:
40 Minuten

Pro Portion:
E: 29 g, F: 26 g, Kh: 9 g,
kJ: 1802, kcal: 433

RAFFINIERT

1 Käse in kleine Würfel schneiden, mit Knoblauch, Milch und Wein in einem Fonduetopf unter ständigem Rühren erhitzen.

2 Wenn der Käse geschmolzen, aber noch nicht gelöst ist, Speisestärke mit Weißwein anrühren, unterrühren und unter ständigem, kräftigem Rühren so lange köcheln lassen, bis eine einheitliche Masse entstanden ist.

3 Kurz aufkochen lassen, mit Pfeffer und Muskat abschmecken. Fondue auf dem Rechaud weiterköcheln lassen.

Beigabe: *Dicke Salzstangen, Weißbrot, Ofenkartoffeln mit Speck, Sauerkrautsalat (Seite 21), Bauernsalat, badische Salatröllchen.*

Tipp: *Eine edle Note erhält das Fondue, wenn zum Schluss eine kleingeschnittene, weiße Trüffel untergerührt wird. Der köstliche Trüffelgeschmack kann auch durch Zugabe des günstigeren Trüffelsaftes (in Feinkostläden erhältlich) erzielt werden.*

Ofenkartoffeln mit Speck

Zutaten

12 mittelgroße, festkochende Kartoffeln
80 g durchwachsener Speck
2 EL Speiseöl

Zubereitungszeit:
60 Minuten

Pro Portion:
E: 8 g, F: 19 g, Kh: 45 g,
kJ: 1643, kcal: 392

PREISWERT – RAFFINIERT

1 Kartoffeln unter fließendem kalten Wasser gründlich abbürsten. In jede Kartoffel der Länge nach ein Loch bohren.

2 Speck in Streifen schneiden und in die Löcher schieben. Kartoffeln mit Öl einreiben, in eine Auflaufform setzen und auf dem Rost in den Backofen schieben.

Ober-/Unterhitze: etwa 220 °C (vorgeheizt)
Heißluft: etwa 200 °C (nicht vorgeheizt)
Gas: Stufe 4–5 (vorgeheizt)
Backzeit: etwa 50 Minuten.

Tipp: *Heiß zu Käsefondue reichen.*

Schweizer Fondue

(Foto)

Zutaten

- 200 g Emmentaler
- 400 g Greyerzer
- 1 Knoblauchzehe
- 4 TL Speisestärke
- 300 ml trockener Weißwein
- 1 TL Zitronensaft
- 1 Gläschen (2 cl) Kirschwasser
- Pfeffer, Muskat

Zubereitungszeit:
35 Minuten

Pro Portion:
E: 44 g, F: 48 g, Kh: 6 g,
kJ: 3022, kcal: 772

KLASSISCH

1 Emmentaler und Greyerzer fein würfeln oder grob raspeln.

2 Knoblauchzehe abziehen, halbieren und einen Fonduetopf damit ausreiben.

3 Speisestärke mit Wein anrühren, in dem Fonduetopf auf der Kochstelle zum Kochen bringen. Nach und nach Käse und Zitronensaft hinzufügen.

4 Unter ständigem, kräftigem Rühren köcheln lassen, bis eine einheitliche Masse entstanden ist. Kirschwasser unterrühren, mit Pfeffer und Muskat abschmecken. Fondue auf dem Rechaud weiterköcheln lassen.

Beigabe: *Weißbrot oder helles Graubrot, Gewürzgurken, Essiggemüse.*

Holländisches Fondue

Zutaten

- 350 g alter Gouda
- 350 g Pikantje van Gouda
- 2 Knoblauchzehen
- 250 ml (¼ l) trockener Weißwein
- 2 TL Zitronensaft
- 4 TL Speisestärke
- 5 EL Kirschwasser
- Pfeffer, Muskat

Zubereitungszeit:
30 Minuten

Pro Portion:
E: 41 g, F: 51 g, Kh: 8 g
kJ: 3208, kcal: 767

1 Gouda fein würfeln oder grob raspeln, mischen.

2 Knoblauchzehen abziehen, halbieren, den Fonduetopf damit ausreiben.Weißwein und Zitronensaft hineingeben, bei milder Hitze erwärmen. Den Käse nach und nach hinzufügen, unter ständigem, kräftigen Rühren köcheln lassen, bis eine einheitliche Masse entstanden ist.

3 Speisestärke mit Kirschwasser anrühren, das Fondue damit binden, unter ständigem Rühren einmal aufkochen lassen, mit Pfeffer und Muskat abschmecken. Das Fondue auf dem Rechaud weiterköcheln lassen.

Beigabe: *In Knoblauchbutter geröstete Brotwürfel.*

Kräuterfondue

Zutaten

300 g Emmentaler
4 Ecken Rahm-Schmelzkäse
250 ml (¼ l) helles Bier
1 EL Speisestärke
2–3 EL Kirschwasser
4 EL gehackte Kräuter, z. B. Petersilie, Dill, Schnittlauch

Zubereitungszeit:
30 Minuten

Pro Portion:
E: 26 g, F: 31 g, Kh: 9 g,
kJ: 1983, kcal: 474

FÜR GÄSTE

1 Emmentaler fein würfeln oder grob raspeln. Schmelzkäse in Stücke schneiden.

2 Bier in einem Fonduetopf auf der Kochstelle zum Kochen bringen, nach und nach den Käse hinzufügen und unter ständigem, kräftigem Rühren köcheln lassen, bis eine einheitliche Masse entstanden ist.

3 Speisestärke mit Kirschwasser anrühren, das Fondue damit binden und Kräuter unterrühren. Das Fondue auf dem Rechaud weiterköcheln lassen.

Beigabe: *Geröstete Weißbrotwürfel.*

Genfer Kräuterfondue

(Foto)

Zutaten

3 Eigelb (Größe M)
125 ml (⅛ l) Schlagsahne
125 ml (⅛ l) Weißwein
500 g Emmentaler
Salz, Pfeffer, Muskat
2 EL gehackter Kerbel

Zubereitungszeit:
40 Minuten

Pro Portion:
E: 38 g, F: 52 g, Kh: 7 g,
kJ: 2911, kcal: 696

RAFFINIERT

1 Eigelb mit Sahne und Wein verschlagen, in einem Fonduetopf auf der Kochstelle zum Kochen bringen.

2 Emmentaler grob raspeln, nach und nach hinzufügen, unter ständigem, kräftigem Rühren köcheln lassen, bis eine einheitliche Masse entstanden ist, mit Salz, Pfeffer und Muskat abschmecken, Fondue auf dem Rechaud weiterköcheln lassen. Kerbel unterrühren.

Beigabe: *Geröstete Weißbrotwürfel, kleine, heiße Pellkartoffeln, Ananaswürfel, Pfirsichspalten oder Aprikosenhälften.*

Tipp: *Als Getränk zum Fondue passen trockener Weißwein und Kirschwasser.*

Zwiebelfondue

Zutaten

2 Gemüsezwiebeln (600 g)
100 g Schalotten
2–3 Knoblauchzehen
1 Bund Thymian (ersatzweise 1–2 TL getrockneter Thymian)
3 EL Olivenöl
500 ml (½ l) Gemüsebrühe
100 ml Schlagsahne
30 g Speisestärke
1 Paket Sahneschmelzkäse (200 g)
Salz
frisch gemahlener Pfeffer
edelsüßes Paprikapulver

Zubereitungszeit:
35 Minuten

Pro Portion:
E: 11 g, F: 30 g, Kh: 24 g
kJ: 1786, kcal: 427

PREISWERT – RAFFINIERT

1 Zwiebeln und Schalotten abziehen und würfeln. Knoblauch abziehen und in Scheiben schneiden. Thymian abspülen, trockenschütteln und mit Küchengarn zusammenbinden. Zwiebeln, Schalotten, Knoblauch und Thymian in Öl andünsten. Brühe dazugeben und zugedeckt 20 Minuten bei mittlerer Hitze ziehen lassen.

2 Thymian entfernen. Zwiebelbrühe mit dem Schneidstab pürieren. Sahne und Stärke verrühren und in die kochende Brühe rühren. Zwiebelsahne 2 Minuten unter Rühren köcheln lassen. Schmelzkäse dazugeben und unter Rühren aufkochen. Mit Salz, Pfeffer und Paprika würzen.

Zum Dippen: *Käse-Kräuter-Stangen, Salbeischnitzel, 3 Laugenstangen, in dicke Scheiben geschnitten, 200 g Weißbrotwürfel, 1 Cabanossi (250 g), in Scheiben geschnitten, 200 g gekochter Schinken, in grobe Würfel geschnitten und 6 Scheiben Roastbeefaufschnitt.*
Beilagen: *Rotweineier, Kartoffelsalat und Sauerkrautsalat.*
Außerdem: *Grissini.*

Salbeischnitzel

Zutaten

12 kleine Salbeiblätter
1 Eiweiß
12 Scheiben Putenschnitzel (je 40 g)
Salz, Pfeffer
3 EL Speiseöl

Zubereitungszeit:
20 Minuten, ohne Abkühlzeit

Pro Portion:
E: 23 g, F: 16 g, Kh: 5 g
kJ: 1133, kcal: 271

SCHNELL – EINFACH

1 Salbei abspülen und trockenschütteln. Eiweiß verquirlen. Schnitzel nebeneinander ausbreiten, mit Eiweiß bestreichen und mit Salz und Pfeffer bestreuen.

2 Auf jedes Schnitzel ein Salbeiblatt legen. Schnitzel zur Hälfte zusammenklappen und andrücken. Bei mittlerer Hitze von beiden Seiten goldbraun braten, salzen und abkühlen lassen.

Tipp: *Statt der Putenschnitzel können Sie auch Kalbsschnitzel verwenden und je 1 Scheibe Parmaschinken hineinlegen.*

Rotweineier

Zutaten

125 ml (1/8 l) Wasser
3–4 EL Balsamessig
2 Lorbeerblätter
6 Wacholderbeeren
1 TL weiße Pfefferkörner
1 TL Salz
2 EL Zucker
250 ml (1/4 l) Rotwein
6 Eier (Größe M)

Zubereitungszeit:
15 Minuten, ohne Marinierzeit

Pro Portion:
E: 14 g, F: 11 g, Kh: 12 g
kJ: 1053, kcal: 252

GUT VORZUBEREITEN

1 Für den Rotweinsud Wasser, Essig, Gewürze, Salz, Zucker und Rotwein im geschlossenen Topf 10 Minuten köcheln lassen.

2 Eier an der runden Seite einstechen, in kochendes Wasser legen und 8 Minuten kochen lassen. Eier in kaltem Wasser abschrecken. Eierschale mit einem Löffel rundherum anschlagen, damit sie Risse bekommt. Eier in den Sud legen und mindestens 1 Tag darin marinieren.

3 Eier zum Servieren pellen.

Käse-Kräuter-Stangen

Zutaten

1/2 Paket tiefgekühlter Blätterteig (3 Scheiben = 225 g)
50 g mittelalter Gouda
1 Eiweiß
Weizenmehl zum Bearbeiten
1–2 EL getrocknete Kräuter der Provence

Zubereitungszeit:
25 Minuten, ohne Wartezeit

Pro Portion:
E: 7 g, F: 20 g, Kh: 21 g
kJ: 1237, kcal: 296

GUT VORZUBEREITEN

1 Teigplatten nebeneinander ausbreiten und auftauen lassen. Käse reiben.

2 Teigplatten auf der bemehlten Arbeitsplatte aufeinanderlegen und zu einem Quadrat (24 x 24 cm) ausrollen. 5 Minuten ruhen lassen.

3 Teigkanten rundherum geradeschneiden. Teig mit verquirltem Eiweiß bestreichen. Kräuter und Käse nacheinander darauf streuen und leicht andrücken.

4 Teig in 2 cm breite Streifen schneiden, zu Spiralen drehen und auf ein mit Backpapier belegtes Backblech legen, in den Backofen schieben.

Ober-/Unterhitze: etwa 200 °C (vorgeheizt)
Heißluft: etwa 180 °C (vorgeheizt)
Gas: etwa Stufe 3 (vorgeheizt)
Backzeit: 12–18 Minuten.

Tipp: *Die Käse-Kräuter-Stangen können schon einige Tage vor dem Verzehr zubereitet werden. Dann im vorgeheizten Backofen bei 180 °C 4–5 Minuten wieder aufbacken.*

Sauerkrautsalat

1 Paprika waschen, putzen, in Würfel schneiden und 5 Minuten in erhitztem Öl dünsten.

2 Sauerkraut ausdrücken und abtropfen lassen. Crème fraîche und Tomatenmark verrühren. Petersilie abspülen und trockenschütteln. Petersilienblätter, bis auf einige zum Garnieren, hacken.

3 Sauerkraut, Paprika und gehackte Petersilie mit der Salatsauce mischen und mit Salz, Pfeffer und Honig würzen. Den Salat mindestens 1 Stunde stehenlassen.

4 Den Salat nachwürzen und mit restlicher Petersilie garnieren.

Zutaten

1 gelbe Paprikaschote (200 g)
2 EL Olivenöl
250 g Sauerkraut (aus der Dose)
100 g Crème fraîche
1–2 EL Tomatenmark
½ Bund glatte Petersilie
Salz, Pfeffer, Honig

Zubereitungszeit:
15 Minuten, ohne Marinierzeit

Pro Portion:
E: 2 g, F: 14 g, Kh: 4 g
kJ: 652, kcal: 155

GUT VORZUBEREITEN – EINFACH

Bierfondue

1 Käse grob raspeln. Bier in einem Fonduetopf auf der Kochstelle zum Kochen bringen, nach und nach den Käse hinzufügen.

2 Unter ständigem, kräftigem Rühren köcheln lassen, bis eine einheitliche Masse entstanden ist.

3 Senf, Worcester- und Tabascosauce unterrühren, Fondue auf dem Rechaud weiterköcheln lassen.

Beigabe: *Weißbrot oder Graubrot, Staudensellerie oder Gurkenscheiben.*

Tipp: *Chester ist ein englischer Hartkäse von intensiv gelber Farbe.*

Zutaten

800 g Chester
500 ml (½ l) helles Bier
1 EL Senf
1 Spritzer Worcestersauce
1 Spritzer Tabascosauce

Zubereitungszeit:
20 Minuten

Pro Portion:
E: 55 g, F: 54 g, Kh: 8 g,
kJ: 3433, kcal: 5820

FÜR GÄSTE

Quark-Raclette

Zutaten

150 g Butter
1 Bund Schnittlauch
1 Bund glatte Petersilie
800 g Speisequark (40 % Fett)
Salz
frisch gemahlener Pfeffer
½–1 TL eingelegter grüner Pfeffer (a. d. Glas)
50 g alter Gouda

Zubereitungszeit:
25 Minuten

Pro Portion:
E: 26 g, F: 56 g, Kh: 7 g
kJ: 2806, kcal: 670

GUT VORZUBEREITEN

1 Butter schmelzen. Schnittlauch und Petersilie abspülen und trockenschütteln. Schnittlauch in Röllchen schneiden. Petersilienblätter hacken.

2 400 g Quark mit den Kräutern und der Hälfte der Butter verrühren. Mit Salz und Pfeffer würzen. Kühl stellen.

3 Grünen Pfeffer abspülen, abtropfen lassen und fein hacken. Restlichen Quark mit grünem Pfeffer und der restlichen Butter verrühren. Mit Salz abschmecken. Kühl stellen. Gouda reiben.

4 Nach Belieben Zutaten zum Überbacken in die Pfännchen geben. Kräuter- oder Pfefferquark darauf verteilen und eventuell mit Käse bestreuen. Die Zutaten in den Pfännchen überbacken.

Zum Überbacken: *Marinierte Putenbrustspieße, 150 g blanchierte Brechbohnen, 200 g gebeizter Lachs, in dicke Scheiben geschnitten, 300 g blanchierte Kohlrabischeiben, 200 g gekochte Rote Bete, gepellt und in Scheiben geschnitten, 500 g blanchierte Spargelstücke, 250 g gewürfeltes, gebratenes Kasseler und 100 g blanchierte Zuckerschoten.*
Beigaben: *1 kg gekochte, gepellte Kartoffeln, in Spalten geschnitten (auf der geölten Racletteplatte warmhalten), Buttermilchwaffeln (Seite 43), Gewürzgurken und verschiedene Brotsorten.*

Zutaten

1 dünnes Putenschnitzel (200 g)
2 EL Weißwein
2 TL mittelscharfer Senf

Zubereitungszeit:
15 Minuten, ohne Marinierzeit

Pro Portion:
E: 9 g, F: 3 g, Kh: 2 g
kJ: 3339, kcal: 81

EINFACH

Marinierte Putenbrustspieße

1 Putenschnitzel der Länge nach in 8–10 Streifen schneiden. Streifen wellenförmig auf kleine Schaschlik- oder Holzspieße stecken.

2 Weißwein und Senf verrühren. Die Fleischspieße in der Marinade wenden und kühl stellen. Mindestens 1 Stunde marinieren.

3 Spieße etwas trockentupfen und nach Belieben mit Quark und Käse überbacken.

Raclette mit Gemüse

(Foto)

Zutaten

800 g Kartoffeln
2 Tomaten
1 grüne Paprikaschote
1 kleine Zucchini
250 g Champignons
600–800 g Emmentaler
Salz, Pfeffer
gerebelter Oregano
gerebelter Thymian

Zubereitungszeit:
45 Minuten

Pro Portion:
E: 56 g, F: 53 g, Kh: 39 g,
kJ: 3754, kcal: 896

VEGETARISCH

1 Kartoffeln waschen, in Wasser zum Kochen bringen, gar kochen lassen, abgießen, erkalten lassen, pellen, warm stellen.

2 Tomaten waschen, Stengelansätze herausschneiden, in Scheiben schneiden. Paprikaschote halbieren, entstielen, entkernen, die weißen Scheidewände entfernen, die Schote waschen, in Stücke schneiden.

3 Zucchini waschen, die Enden abschneiden, die Zucchini in Scheiben schneiden. Champignons putzen, mit Küchenpapier abreiben, evtl. abspülen, in Scheiben schneiden.

4 Käse in Scheiben schneiden, nach Belieben das Gemüse in Pfännchen zusammenstellen, mit Salz, Pfeffer, Oregano und Thymian würzen, mit einer Käsescheibe belegen, die Pfännchen unter dem Raclette-Grill schmelzen, bis der Käse zu fließen beginnt.

Beigabe: *Geröstetes Baguette und Knoblauchbutter, Gemüsesalate.*

Pikantes Raclette

Zutaten
350 g mittelalter Gouda (entrindet, in Scheiben geschnitten)
350 g Manchego (entrindet, in Scheiben geschnitten)

Zubereitungszeit:
20 Minuten

Pro Portion:
E: 46 g, F: 54 g, Kh: 3 g
kJ: 2999, kcal: 717

RAFFINIERT

1 Nach Belieben Zutaten zum Überbacken in die Pfännchen geben, mit Käse belegen und überbacken.
Statt Gouda kann z. B. mittelalter Appenzeller, statt Manchego ein anderer Schnittkäse aus Schafsmilch oder Schafs- und Kuhmilch verwendet werden.

Zum Überbacken: *Tomatenrührei, Polenta-Ecken (Seite 31), 500 g gekochte Süßkartoffeln (in der Schale gekocht, gepellt und in Scheiben geschnitten), 1 Dose Kidneybohnen (250 g Abtropfgewicht), 1 Dose weiße Riesenbohnen (250 g Abtropfgewicht), 400 g gemischte Paprikastreifen (grün, rot, gelb), 1 Paket Geflügel Dippers (250 g; z. B. Iglo) nach Packungsanweisung zubereitet (evtl. auf der Racletteplatte warmhalten); 250 g Schweinebratenaufschnitt.*
Beigaben: *Tortilla Chips, Weißbrot, Eisbergsalat, z. B. mit Thousand-Islands-Dressing.*
Saucen: *rote Salsa (a. d. Glas) und Aioli (Knoblauchsauce, (a. d. Glas).*

Tomatenrührei

Zutaten
200 g kleine reife Tomaten
5 Eier (Größe M)
Salz
20 g Butter oder Margarine
frisch gemahlener Pfeffer

Zubereitungszeit:
20 Minuten

Pro Portion:
E: 10 g, F: 13 g, Kh: 2 g
kJ: 724, kcal: 173

EINFACH

1 Tomaten waschen (evtl. enthäuten) und vierteln, die Stängelansätze dabei entfernen. Viertel in Würfel schneiden.

2 Eier mit Salz verquirlen.

3 Tomatenwürfel in einer beschichteten Pfanne in zerlassenem Fett andünsten. Eimasse darüber gießen. Sobald die Eimasse am Rand zu stocken beginnt, die Masse von außen in die Mitte schieben, bis ¾ der Masse gestockt ist. Rührei abkühlen lassen, in Stücke teilen und mit Pfeffer bestreuen.

Raclette mit Mascarpone und Parmesan

Zutaten
200 g Parmesan
500 g Mascarpone (ital. Frischkäse)
Salz

Zubereitungszeit:
10 Minuten

Pro Portion:
E: 23 g, F: 66 g, Kh: 7 g
kJ: 3064, kcal: 732

RAFFINIERT

1 Parmesan auf der groben Seite der Haushaltsreibe raspeln. Mascarpone salzen und mit dem Schneebesen gut verrühren.

2 Nach Belieben Zutaten zum Überbacken in die Pfännchen geben. Mascarpone und Parmesan darauf verteilen und überbacken.

Zum Überbacken: *Auberginenröllchen, gefüllte Weinblätter, Kalbsleberpäckchen, Polenta-Ecken (Seite 31), 250 g halbierte Kirschtomaten, 250 g Champignons, 400 g grüne und gelbe Zucchinischeiben.*
Beigaben: *Kapernfrüchte (a. d. Glas), Kirschpaprika (a. d. Glas), Salzmandeln.*
Saucen: *Paprika-Joghurt, Tsatsiki (fertig gekauft).*

Auberginenröllchen

Zutaten
1 Aubergine (300 g)
Salz
100 g Feta-Käse
½ Bund Basilikum
4 EL Olivenöl

Zubereitungszeit:
30 Minuten, ohne Marinierzeit

Pro Portion:
E: 5 g, F: 17 g, Kh: 3 g
kJ: 807, kcal: 193

KLASSISCH

1 Aubergine waschen, putzen und der Länge nach in etwa 12 dünne Scheiben schneiden. Scheiben mit etwas Salz bestreuen und mindestens 15 Minuten Saft ziehen lassen.

2 Käse in 12 Streifen schneiden. Basilikum abspülen und trockenschütteln.

3 Auberginenscheiben mit Küchenpapier abtupfen. Scheiben portionsweise in etwas Öl goldbraun braten und auf Küchenpapier abtropfen lassen.

4 Jede Scheibe mit einigen Basilikumblättern und 1 Stück Käse belegen und aufrollen.

Gefüllte Weinblätter

Zutaten

4 getrocknete Tomaten
250 ml (¼ l) Gemüsebrühe
20 g Rosinen
70 g Couscous (Reformhaus oder türkische Läden)
Salz, Pfeffer
gemahlener Zimt
gemahlener Kreuzkümmel
12 Weinblätter (a. d. Glas; türkische Läden)

Zubereitungszeit:
30 Minuten, ohne Abkühlzeit

Pro Portion:
E: 1 g, F: 1 g, Kh: 6 g
kJ: 173, kcal: 41

1 Tomaten abspülen und abtropfen lassen. Tomaten quer in dünne Streifen schneiden.

2 Gemüsebrühe aufkochen lassen. Tomaten, Rosinen und Couscous unterrühren, aufkochen und bei milder Hitze zugedeckt 8–10 Minuten kochen, bis die Brühe aufgesogen ist. Couscous mit Salz, Pfeffer, Zimt und Kreuzkümmel würzen. Lauwarm abkühlen lassen.

3 Weinblätter evtl. kurz baspülen, wenn sie sehr salzig sind, nebeneinander ausbreiten und mit Küchenpapier abtupfen. Couscous in 12 Portionen teilen, auf den unteren Teil der Blätter legen und einrollen. Nach Belieben mit Mascarpone und Parmesan überbacken.

Kalbsleberpäckchen

Zutaten

150 g geputzte Kalbsleber (ersatzweise Geflügelleber)
6 Scheiben Bacon (dänischer Frühstücksspeck, 130 g), 2 EL Speiseöl

Zubereitungszeit:
20 Minuten

Pro Portion:
E: 10 g, F: 29 g, Kh: 2 g
kJ: 1345, kcal: 322

1 Leber waschen, abtropfen lassen und mit Küchenpapier abtupfen. Leber in 12 kleine dünne Scheiben schneiden.

2 Baconscheiben nebeneinander ausbreiten und quer halbieren. Jedes Leberstück in ein Stück Bacon einschlagen.

3 Päckchen bei milder Hitze im Öl leicht anbraten, so dass die Leber von außen hell wird. Auf einem Kuchengitter abkühlen lassen. Nach Belieben mit Mascarpone und Parmesan überbacken.

Paprikajoghurt

Zutaten

300 g Sahnejoghurt
2 EL Ajvar (Paprikapaste a. d. Glas)
Salz, Zucker

Zubereitungszeit:
15 Minuten

Pro Portion:
E: 2 g, F: 8 g, Kh: 5 g
kJ: 427, kcal: 102

GUT VORZUBEREITEN

1 Joghurt und Ajvar verrühren. Mit Salz und Zucker abschmecken.

Tipp: *Ajvar bekommen Sie in den Feinkostabteilungen der Supermärkte oder in türkischen Lebensmittelgeschäften.*

Polenta-Ecken

1 Knoblauch schälen und durch die Presse drücken. Brühe, Öl und Knoblauch aufkochen. Polenta unter Rühren einstreuen. Bei milder Hitze etwa 10 Minuten quellen lassen. Dabei gelegentlich umrühren.

2 Röstzwiebeln unterheben. Polenta zu einem Quadrat (etwa 18 x 18 cm) auf ein geöltes Brett streichen und abkühlen lassen.

3 Polenta in 9 x 6 cm große Quadrate schneiden.

Zutaten

1–2 Knoblauchzehen
350 ml Gemüsebrühe
3 EL Olivenöl
100 g Maisgrieß (Polentagrieß)
2 EL Röstzwiebeln
Speiseöl zum Bestreichen

Zubereitungszeit:
15 Minuten, ohne Abkühlzeit

Pro Portion:
E: 4 g, F: 17 g, Kh: 14 g
kJ: 967, kcal: 231

RAFFINIERT

Raclette mit Mettplätzchen

1 Kartoffeln waschen, in Wasser zum Kochen bringen, gar kochen, abgießen, erkalten lassen, pellen, warm stellen.

2 Thüringer Mett zu flachen Plätzchen formen, auf einer Platte anrichten.

3 Gouda in Scheiben in Größe der Pfännchen schneiden, auf einer Platte anrichten. Zuerst eine Scheibe Käse in das Pfännchen legen, darauf das Mettplätzchen, sobald der Käse verlaufen ist, das Ganze wenden und das Fleisch knusprig ausbraten.

Beigabe: *Sauer eingelegtes Gemüse (Mixed Pickles, Maiskölbchen, Silberzwiebeln, Peperoni, Cornichons), Gemüse- und Blattsalate.*

Zutaten

1 kg Kartoffeln
400 g Thüringer Mett
800 g mittelalter Gouda

Zubereitungszeit:
45 Minuten

Pro Portion:
E: 69 g, F: 86 g, Kh: 42 g
kJ: 5257, kcal: 1257

PREISWERT

Nudel-Raclette

Zutaten

1 TL Rosmarinnadeln
½ TL Fenchelsamen
½ TL schwarze Pfefferkörner
1 Msp. grobes Meersalz
4 EL Olivenöl
3 Pakete Mozzarella
(je 125 g Abtropfgewicht)
300 g Edelpilzkäse, z. B.
Gorgonzola oder Roquefort

Zubereitungszeit:
15 Minuten, ohne Marinierzeit

Pro Portion:
E: 34 g, F: 54 g, Kh: 3 g
kJ: 2783, kcal: 665

GUT VORZUBEREITEN

1 Frische Rosmarinnadeln hacken. Rosmarinnadeln mit Fenchelsamen, Pfefferkörnern und Salz im Mörser zerstoßen. Öl unterrühren.

2 Mozzarella abtropfen lassen und in Scheiben schneiden. Mit dem Kräuteröl bestreichen. Mindestens 1 Stunde stehen lassen. Gorgonzola in Scheiben schneiden.

3 Nach Belieben Zutaten zum Überbacken in die Pfännchen geben. Mozzarella- oder Gorgonzolascheiben darauflegen und überbacken.

Zum Überbacken: *Grüne und weiße Bandundeln, Pilz-Gnocchi, Spaghetti mit getrockneten Tomaten, gefüllte Lasagneblätter, gefüllte Cannelloni, 70 g bunte Farfalle, gekocht und 150 g eingelegte Scampi oder Garnelen.*
Beilagen: *Nussbrot, Blattsalate, Räucherlachsscheiben, Parmaschinken, in dünne Scheiben geschnitten, eingelegte schwarze und grüne Oliven und Tomatenscheiben.*

Pilz-Gnocchi

Zutaten

10 g getrocknete Steinpilze
3 EL Olivenöl
2 Tüten Kartoffelpüree mit
Milch (für je 3 Portionen)
500 ml (½ l) Milch
1 Ei (Größe M)
20 g Weizenmehl (Type 405)
frisch gemahlener Pfeffer
geriebene Muskatnuss
Weizenmehl zum Bearbeiten

Zubereitungszeit:
35 Minuten, ohne Abkühlzeit

Pro Portion:
E: 9 g, F: 26 g, Kh: 21 g
kJ: 1147, kcal: 273

RAFFINIERT

1 Steinpilze in ein Sieb geben, mit kaltem Wasser abspülen und abtropfen lassen. Steinpilze fein hacken und in Öl 2 Minuten dünsten.

2 Püreepulver in eine Schüssel geben. Milch aufkochen, dazugeben und sofort mit einem Kochlöffel unterrühren. Erst Steinpilze und Ei, dann Mehl unterrühren. Püreemasse mit Pfeffer und Muskat würzen. Abkühlen lassen.

3 Püreemasse halbieren. Jede Hälfte auf der bemehlten Arbeitsplatte zu einer etwa 30 cm langen Rolle formen. Rollen in Scheiben schneiden und mit bemehlten Händen zu Kugeln rollen. In jede Kugel eine Vertiefung drücken.

4 Gnocchi portionsweise in reichlich siedendes Salzwasser geben und so lange ziehen lassen, bis sie an der Oberfläche schwimmen. Mit der Schaumkelle herausheben und möglichst nebeneinander abkühlen lassen. Nach Belieben überbacken.

Spaghetti mit getrockneten Tomaten

Zutaten

20 g getrocknete Tomaten ohne Öl (Feinkostabteilung, türkische Läden)
3 Zweige Thymian
1–2 EL Olivenöl
125 ml (⅛ l) Wasser
70 g Spaghetti
Salz

Zubereitungszeit:
20 Minuten, ohne Abkühlzeit

Pro Portion:
E: 2 g, F: 6 g, Kh: 12 g
kJ: 510, kcal: 122

FÜR GÄSTE

1 Tomaten waschen, mit Küchenpapier abtupfen, die Stängelansätze herausschneiden und die Tomaten quer in dünne Streifen schneiden. Thymian abspülen, trockenschütteln und in sehr kleine Zweige zupfen.

2 Tomaten und Thymian in Öl andünsten. Wasser dazugeben. Tomaten im geschlossenen Topf etwa 5 Minuten dünsten, bis keine Flüssigkeit mehr vorhanden ist.

3 Spaghetti nach Packungsnanweisung in Salzwasser kochen und abgießen. Die heißen Spaghetti mit den Tomaten mischen. Lauwarm abkühlen lassen, zu Nestern wickeln und auf einer Platte anrichten. Nach Belieben überbacken.

Gefüllte Cannelloni

Zutaten

1 Zwiebel (40 g)
½ Würfel tiefgekühlter Blattspinat (etwa 60 g)
250 g Kalbsbrät
2 EL Olivenöl
6 Cannelloni
Salz

Zubereitungszeit:
30 Minuten, ohne Abkühlzeit

Pro Portion:
E: 14 g, F: 23 g, Kh: 3 g
kJ: 1221, kcal: 291

FÜR KINDER

1 Zwiebel abziehen und würfeln. Zwiebel und Spinat in Öl 10 Minuten dünsten. So lange im offenen Topf weiterdünsten, bis die Flüssigkeit verdampft ist. Abkühlen lassen.

2 Spinat hacken und mit dem Kalbsbrät verrühren. Masse mit einem Teelöffel in die Cannelloni füllen, dabei mit einem Kochlöffelstiel nachstopfen.

3 Cannelloni in reichlich kochendes Salzwasser geben und etwa 10 Minuten garen. Abtropfen lassen. Cannelloni in breite Scheiben schneiden und nach Belieben überbacken.

Raclette mit Gouda

1 Kartoffeln waschen, in Wasser zum Kochen bringen, gar kochen lassen, abgießen, erkalten lassen, pellen.

2 Käse in Scheiben in Größe der Pfännchen schneiden und auf einer Platte anrichten.

3 Schinken oder Salamischeiben, Mixed Pickles, Cornichons, entsteinte schwarze und grüne Oliven, eingelegte Peperoni bereit stellen.

4 Aus den Zutaten nach Belieben die Pfännchen zusammenstellen, mit Salz und Pfeffer würzen. Nach Belieben die Pfännchen mit zerdrückten Knoblauchzehen würzen.

Beigabe: *Geröstetes Weißbrot, Eisbergsalat, Gemüsesalate.*

Zutaten

1 kg Kartoffeln
800 g Pikantje van Gouda
oder mittelalter Gouda
250 g roher Schinken oder
200 g Salami in Scheiben
Mixed Pickles, Cornichons
schwarze und grüne Oliven
eingelegte Peperoni
Salz, Pfeffer
abgezogene Knoblauchzehen

Zubereitungszeit:
45 Minuten

Pro Portion:
E: 63 g, F: 79 g, Kh: 42 g
kJ: 5008, kcal: 1196

KLASSISCH

Raclette mit Obst

1 Bananen schälen, in Scheiben schneiden, mit dem Zitronensaft beträufeln. Birnen schälen, vierteln, entkernen, in Scheiben schneiden, ebenfalls mit Zitronensaft beträufeln.

2 Gouda in Scheiben schneiden. Das Obst in die Pfännchen legen, den Käse darauf geben. Die Pfännchen unter den Raclette-Grill schieben, wenn der Käse zu fließen beginnt, herausnehmen.

Tipp: *Diese süße Variante schmeckt als Abschluss, sozusagen als Dessert, besonders gut.*

Zutaten

2 Bananen
3 EL Zitronensaft
2 Birnen
300 g mittelalter Gouda

Zubereitungszeit:
20 Minuten

Pro Portion:
E: 18 g, F: 22 g, Kh: 22 g
kJ: 1597, kcal: 382

FÜR KINDER

Süßes Raclette

Zutaten
500 g Mascarpone (ital. Frischkäse)
500 g Crème fraîche

Zubereitungszeit:
5 Minuten

Pro Portion:
E: 8 g, F: 90 g, Kh: 10 g
kJ: 3775, kcal: 903

FÜR KINDER

1 Nach Belieben Zutaten zum Überbacken in die Pfännchen geben. Crème fraîche oder Mascarpone darauf verteilen und überbacken.

Zum Überbacken: *Pflaumenkompott, Kaiserschmarrn, Apfelkompott, 300 g Sandkuchen, in Würfel geschnitten, Orangenfilets von 3 Früchten, 8 Ananasringe (Dose), in 2 Esslöffeln Rum mariniert, 4 geviertelte Feigen, 150 g Himbeeren, je 100 g grüne und blaue Weintrauben, 200 g gekochte oder geröstete geschälte Maronen, 8 Butterkekse und 8 Vollkornkekse.*
Beigaben: *Ahornsirup, bunte Zuckerstreusel, gehackte Pistazienkerne, Zimtzucker und Eis.*

Pflaumenkompott

Zutaten
1 Glas Pflaumen (720 ml Inhalt)
1 EL Speisestärke
½ Zimtstange
Schale von 1 Zitrone (unbehandelt)

Zubereitungszeit:
10 Minuten (plus Zeit zum Abkühlen)

Pro Portion:
E: 1 g, F: 0 g, Kh: 40 g
kJ: 746, kcal: 179

1 Pflaumen abtropfen lassen, Saft dabei auffangen.

2 Speisestärke mit 4 Esslöffeln Pflaumensaft verrühren. Übrigen Pflaumensaft, Zimtstange und Zitronenschale aufkochen. Angerührte Stärke unterrühren und aufkochen lassen. Pflaumen unterheben.

3 Kompott erkalten lassen. Zimt und Zitronenschale entfernen.

Kaiserschmarrn

Zutaten
1 Beutel Kaiserschmarrn (für 2–3 Portionen)
200 ml Milch, 1 EL Butter

Zubereitungszeit:
10 Minuten

Pro Portion:
E: 3 g, F: 6 g, Kh: 7 g
kJ: 400, kcal: 96

1 Beutelinhalt und Milch mit einem Schneebesen glattrühren.

2 Butter in einer großen Pfanne erhitzen. Teig hineingießen und nach Packungsanweisung backen.

Aus dem Fettbad

Fondue bourguignonne

Zutaten

800 g Rinderfilet oder Roastbeef
1 l Speiseöl oder 1½ kg Kokosfett
Salz, Pfeffer

Zubereitungszeit:
25 Minuten

Pro Portion:
E: 42 g, F: 58 g, Kh: 0 g,
kJ: 2955, kcal: 706

KLASSISCH

1 Rinderfilet oder Roastbeef unter fließendem kalten Wasser abspülen, trockentupfen, enthäuten, in etwa 3 cm große Stücke schneiden und in Schälchen anrichten.

2 Speiseöl oder Kokosfett in einem Fonduetopf erhitzen und auf dem Rechaud köcheln lassen.

3 Fleisch auf Fondueqabeln spießen, in dem Fett garen lassen, mit Salz und Pfeffer bestreuen.

Beigabe: *Weißbrot, Senffrüchte, Mixed Pickles, grüner Salat, scharfe Chinasauce, Ratatouillesauce, Tomatencreme.*

Tipp: *Das Fleisch lässt sich besonders gut schneiden, wenn Sie es etwa 1 Stunde vorher einfrieren.*

Scharfe Chinasauce

Zutaten

½ kleine Stange Porree
10 g frischer Ingwer
1 kleine Knoblauchzehe
25 g Sesampaste
1 EL Sojasauce
1 EL Essig, 1 TL Zucker
3 EL Sesamöl
3 EL Hühnerbrühe
2 Msp. Sambal Oelek
2 EL Chilisauce

Zubereitungszeit:
15 Minuten

Pro Portion:
E: 2 g, F: 10 g, Kh: 4 g,
kJ: 496, kcal: 118

1 Porree putzen, waschen und in feine Streifen schneiden. 1 Teelöffel davon beiseite stellen. Ingwer schälen und sehr fein würfeln. Knoblauch abziehen und durch die Knoblauchpresse geben.

2 Die Zutaten mit Sesampaste, Sojasauce, Essig, Zucker, Öl, Brühe, Sambal Oelek und Chilisauce verrühren und mit den Porreestreifen bestreuen.

Tipps: *Paßt zu Fondue oder gegrillten Garnelen. Sesampaste gibt es in Asia- oder Bioläden.*

Hackfleischfondue mit Knusperkruste

Zutaten

200 g Thüringer Mett
25 g Schweinekrusteln, Cornflakes oder Kartoffelchips
200 g Rindergehacktes
1 Ei (Größe M)
1 abgezogene, feingehackte Zwiebel
1 EL gehackte Petersilie
2–3 EL Semmelbrösel
Worcestersauce
Salz, Pfeffer
20 g Paprikachips
200 g gehacktes Putenfleisch
20 g Erdnussflips
1–1 ½ kg Fritierfett

Zubereitungszeit:
35 Minuten

Pro Portion:
E: 34 g, F: 108 g, Kh: 14 g,
kJ: 5058, kcal: 1208

PREISWERT

1 Mett zu kleinen Bällchen formen. Schweinekrusteln, Cornflakes oder Kartoffelchips mit dem Pürierstab zermahlen und Schweinemettbällchen darin wälzen.

2 Rindergehacktes mit Ei, Zwiebel, Petersilie und Semmelbröseln zu einem festen Teig verkneten, mit Worcestersauce, Salz und Pfeffer würzen und Bällchen daraus formen. Paprikachips grob zermahlen und Rindfleischbällchen darin wälzen.

3 Putenfleisch mit Salz und Pfeffer würzen und zu Bällchen formen. Erdnussflips grob zermahlen und Putenfleischbällchen darin wälzen.

4 Fritierfett im Fonduetopf auf 180 °C erhitzen, der Topf sollte zur Hälfte mit dem Fett gefüllt sein.

5 Den Topf auf das Rechaud stellen, Bällchen auf Fonduegabeln spießen und einzeln im Fett fritieren.

Tipp: *Tomatenketchup, Walnuss-Joghurt-Creme, Griechische Käsesauce, Gurkenrelish mit Senfkörnern, Rhabarber- oder Mango-Chutney dazu servieren.*

Walnuss-Joghurt-Creme

Zutaten

80 g Walnusskerne
1 Knoblauchzehe
150 g Joghurt
5 EL Walnussöl
Salz, Pfeffer

Zubereitungszeit:
10 Minuten

Pro Portion:
E: 4 g, F: 29 g, Kh: 5 g,
kJ: 1292, kcal: 309

SCHNELL – PREISWERT

1 Walnusskerne sehr fein hacken. Knoblauch abziehen und zerdrücken.

2 Beide Zutaten mit Joghurt und Öl zu einer sämigen Sauce verrühren. Mit Salz und Pfeffer würzen und kalt stellen.

Tipp: *Passt zu gegrilltem Fleisch oder Fondue.*

Griechische Käsesauce

Zutaten

100 g Schafskäse
200 ml Sahnedickmilch
1 Knoblauchzehe
10 schwarze Oliven
1 Frühlingszwiebel
Salz, Pfeffer

Zubereitungszeit:
15 Minuten

Pro Portion:
E: 6 g, F: 12 g, Kh: 3 g,
kJ: 626, kcal: 150

1 Schafskäse mit einer Gabel zerdrücken, mit Dickmilch vermengen und im Mixer pürieren.

2 Knoblauch abziehen und zerdrücken. Oliven entkernen und fein hacken.

3 Frühlingszwiebel putzen, waschen und in Ringe schneiden. Die drei Zutaten unter die Sauce rühren, mit Salz und Pfeffer würzen und kalt stellen.

Gurkenrelish mit Senfkörnern

Zutaten

50 g Senfkörner
3 EL Obstessig
1 Salatgurke
1 kleine Zwiebel
1 EL gehackter Dill
10 g Salz
frisch gemahlener Pfeffer
Ingwerpulver, Muskatblüte

Zubereitungszeit:
25 Minuten, ohne Ziehzeit

Pro Portion:
E: 4 g, F: 4 g, Kh: 5 g
kJ: 312, kcal: 74

1 Senfkörner mit Obstessig aufkochen, über Nacht durchziehen lassen.

2 Salatgurke waschen, die Enden abschneiden, die Gurke zerkleinern, pürieren. Zwiebel abziehen, fein würfeln.

3 Zwiebelwürfel mit dem Gurkenpüree, Dill und Salz vermengen, in ein Sieb geben, über Nacht abtropfen lassen.

4 Das Gurkenmus mit den eingelegten Senfkörnern, Pfeffer, Ingwerpulver und Muskatblüte würzen, kühl stellen.

Rhabarber-Chutney

Zutaten

200 g Möhren
200 g Rhabarber
6 EL Sherryessig
1 TL geriebener frischer Ingwer
100 g brauner Rohrzucker
schwarzer Pfeffer
Zimtpulver, Pimentpulver

Zubereitungszeit:
75 Minuten

Pro Portion:
E: 1 g, F: 0,2 g, Kh: 28 g
kJ: 500, kcal: 119

GUT VORZUBEREITEN

1 Möhren putzen, schälen, waschen, grob raspeln. Rhabarber putzen, waschen, in kurze Stücke schneiden.

2 Rhabarberstücke mit den Möhrenraspeln, Sherryessig, geriebenem Ingwer und Rohrzucker vermengen, mit Pfeffer, Zimt und Piment würzen. Etwa 25 Minuten bei mittlerer Hitze kochen lassen. Nach Belieben einen Teil der Masse pürieren, alles zusammen in eine Schüssel geben.

Camembertfondue

1 Camembert in 2–3 cm große Stücke schneiden.

2 Zuerst in Mehl, dann in Eiern und zuletzt in Semmelbröseln wenden und auf einer Platte anrichten.

3 Den Käse etwa 1 Stunde kühl stellen.

4 Speiseöl oder Kokosfett in einem Fonduetopf erhitzen, auf dem Rechaud köcheln lassen, den Käse auf Fonduegabeln spießen und in dem Fett erhitzen.

Beigabe: *Folienkartoffeln, Buttermilchwaffeln, dicke saure Sahne, Preiselbeerkompott.*

Zutaten

800 g Camembert
Weizenmehl
2 verschlagene Eier (Größe M)
80 g Semmelbrösel
1 l Speiseöl oder 1 kg Kokosfett

Zubereitungszeit:
30 Minuten, ohne Kühlzeit

Pro Portion:
E: 50 g, F: 94 g, Kh: 21 g,
kJ: 4955, kcal: 1183

PREISWERT

Buttermilchwaffeln

1 Buttermilch, Eier, Öl und Salz verschlagen, auf das Mehl gießen und zu einem glatten Teig verrühren. 15 Minuten stehen lassen.

2 Frühlingszwiebeln putzen, waschen, sehr fein würfeln und unter den Teig rühren.

3 Waffeleisen vorheizen und dünn mit Öl bestreichen. Aus dem Teig nacheinander 6 Waffeln backen. Waffeln auf einem Rost abkühlen lassen.

Tipp: *Die Waffeln können im Toaster oder auf der Racletteplatte erwärmt werden.*

Zutaten

250 g Buttermilch
2 Eier (Größe M)
4 EL Speiseöl
½ TL Salz
200 g Weizenmehl (Type 405)
2 Frühlingszwiebeln (70 g)
Speiseöl zum Bestreichen

Zubereitungszeit:
40 Minuten

Pro Portion:
E: 12 g, F: 19 g, Kh: 40 g
kJ: 1658, kcal: 396

PREISWERT

Gefüllte-Hackbällchen-Fondue

Zutaten

2 Zwiebeln
1 Bund glatte Petersilie
2 Knoblauchzehen
150 g Schafskäse
je ½ halbe rote, grüne und gelbe Paprikaschote
800 g Gehacktes (halb Rind-, halb Schweinefleisch)
100 g Semmelbrösel
2 Eier
Salz
frisch gemahlener Pfeffer
1 l Pflanzenöl oder 1–1½ kg Pflanzenfett

Zubereitungszeit:
10 Minuten

Pro Portion:
E: 52 g, F: 108 g, Kh: 23 g
kJ: 5607, kcal: 1338

RAFFINIERT

1 Zwiebeln abziehen, fein würfeln. Petersilie abspülen, trockentupfen, die Blättchen von den Stängeln zupfen, fein hacken. Knoblauchzehen abziehen, durch die Knoblauchpresse drücken.

2 Schafskäse in kleine Würfel schneiden. Paprikaschoten waschen, die weißen Scheidewände entfernen, die Schoten in kleine Würfel schneiden.

3 Gehacktes mit den Zwiebelwürfeln, Knoblauch, Petersilie, Semmelbröseln und Eiern vermengen, mit Salz und Pfeffer würzen.

4 Die Masse in zwei Teile teilen. Aus der einen Hälfte Bällchen formen. Die Bällchen etwas flachdrücken, einen Schafskäsewürfel hineingeben, die Hackmasse um den Schafskäse drücken. Die Bällchen auf einem Teller anrichten. Unter die andere Hälfte der Hackmasse die Paprikawürfel mengen. Ebenfalls zu Bällchen formen, anrichten.

5 Fett auf der Kochstelle in einem Fonduetopf erhitzen, den Topf auf ein Rechaud stellen, die Bällchen auf Fonduegabeln stecken, im heißen Fett fritieren.

Beigabe: *Fladenbrot, Salate, Oliven.*

Wurstfondue

Zutaten

300 g feine rohe Bratwürste
300 g Nürnberger Bratwürste
kochendheißes Wasser
300 g Jagdwurst
1 l Speiseöl oder 1 kg Kokosfett

Zubereitungszeit:
20 Minuten

Pro Portion:
E: 63 g, F: 81 g, Kh: 1 g
kJ: 4391, kcal: 1049

PREISWERT

1 Rohe Bratwürste und Nürnberger Bratwürste etwa 10 Minuten in kochendheißem Wasser ziehen lassen, herausnehmen und abkühlen lassen.

2 Jagdwurst enthäuten, in etwa 2 cm große Stücke schneiden. Wurst in Schälchen anrichten.

3 Speiseöl oder Kokosfett in einem Fonduetopf erhitzen, auf dem Rechaud köcheln lassen. Die Wurst auf Fondue-gabeln spießen, in dem Fett erhitzen.

Beigabe: *Graubrot, Cornichons, Oliven, Silberzwiebeln, Tomatenpaprika, Tomatensauce mit Oliven, Vinaigrette mit Schnittlauchröllchen, Apfelsauce mit Senf, Piccalillisauce.*

Apfelsauce mit Senf

Zutaten

2 säuerliche Äpfel
3 EL scharfer Senf
125 ml (⅛ l) Schlagsahne
1 Zwiebel
Salz
Zucker

Zubereitungszeit:
15 Minuten

Pro Portion:
E: 2 g, F: 10 g, Kh: 8 g,
kJ: 588, kcal: 140

PREISWERT – SCHNELL

1 Äpfel schälen, bis zum Kerngehäuse abreiben, mit Senf und Sahne verrühren.

2 Zwiebel abziehen, reiben, unterrühren. Die Sauce mit Salz und Zucker abschmecken.

Fischfondue

Zutaten

400 g Lachsfilet
400 g Heilbuttfilet
400 g Kabeljaufilet
Salz
frisch gemahlener, weißer Pfeffer
Zitronensaft

Für den Weinteig:
250 g Weizenmehl
250 ml (¼ l) Weißwein
2 Eigelb (Größe M)
125 ml (⅛ l) Schlagsahne
2 Eiweiß (Größe M)
1 l Pflanzenöl oder 1–1½ kg Pflanzenfett

Zubereitungszeit:
45 Minuten

Pro Portion:
E: 66 g, F: 67 g, Kh: 49 g,
kJ: 5379, kcal: 1285

FÜR GÄSTE

1 Alle Fischsorten unter fließendem kalten Wasser abspülen, trockentupfen, in etwa 2 x 2 cm große Würfel schneiden. Mit Salz, Pfeffer würzen und mit Zitronensaft beträufeln.

2 Mehl in eine Rührschüssel sieben, mit Wein, Eigelb, Sahne und Salz zu einem glatten Teig verarbeiten.

3 Eiweiß steif schlagen, unter den Teig heben. Die Fischstücke durch den Weinteig ziehen.

4 Fett in einem Fonduetopf auf der Kochstelle erhitzen, den Topf auf ein Rechaud stellen, die Fischstücke in dem heißen Fett fritieren.

Beigabe: *Weißbrot, Meerrettichsauce, grüner Meerrettich, grüne Sauce, Mixed-Pickles.*

Tipp: *200 g TK-Tintenfischringe auftauen lassen, durch den Weinteig ziehen und ausbacken.*

Grüner Meerrettich

Zutaten

4–6 TL Wasabipulver (japanisches Meerrettichpulver, Asia-Läden)
7–8 EL kaltes Wasser

Zubereitungszeit:
10 Minuten

Pro Portion:
E: 0 g, F: 0 g, Kh: 2 g
kJ: 35, kcal: 8

EINFACH – SCHNELL

1 Wasabipulver mit kaltem Wasser anrühren. Etwa 5 Minuten stehenlassen.

Achtung: *Grüner Meerrettich ist sehr scharf!*

Tempura – Japanisches Fondue

8 Portionen

Zutaten

- 12 große Garnelen
- 8 küchenfertige Tintenfischtuben
- 8 Schollenfilets
- Salz
- frisch gemahlener Pfeffer
- 3 EL Austernsauce (Asia-Laden)
- 8 Scheiben Hähnchenbrustfilet (je 30 g)
- 8 Scheiben Schweinefilet (je 30 g)
- 8 Shii-Take-Pilze
- 4 grüne Paprikastücke
- 4 rote Paprikastücke
- 5 EL Sojasauce
- Speisestärke
- 1 l Sesamöl

Zubereitungszeit:
90 Minuten, ohne Marinierzeit

Pro Portion:
E: 80 g, F: 61 g, Kh: 25 g, kJ: 4295, kcal: 1026

RAFFINIERT

1 Garnelen sorgfältig schälen, den Darm entfernen, Garnelen und Tintenfischtuben abspülen.

2 Schollenfilets kalt abspülen, trockentupfen, von evtl. vorhandenen Gräten und Haut befreien, Schollenfilets zu Röllchen aufwickeln, quer halbieren und auf Spieße stecken. Tintenfischstuben in Streifen schneiden. Alle Meeresfrüchte mit Salz, Pfeffer und Austernsauce etwa 1 Stunde marinieren.

3 Filetscheiben kalt abspülen und trockentupfen. Pilze putzen, mit Küchenpapier abreiben, evtl. abspülen.

4 Fleisch, Pilze und Gemüse mit Salz, Pfeffer und Sojasauce würzen und etwa 30 Minuten darin marinieren.

5 Sesamöl in einem Fonduetopf auf der Kochstelle erhitzen, den Topf auf ein Rechaud stellen. Zutaten aus der Marinade nehmen, abtropfen lassen, mit Speisestärke bestreuen und in heißem Sesamöl (170-180 °C) kurz ausbacken.

Beilage: *Gemüsereis und scharfe Chilisauce.*

Tipp: *Die klassische Zubereitungsversion von Tempura ist das Ausbacken in heißem Fett. Fisch, Fleisch und Gemüse werden nach dem Würzen auf Spieße aufgereiht, durch flüssigen Teig (200 g Mehl mit 3 Eiern und 500 ml (½ l) Milch oder Wasser klumpenfrei verrühren, mit Salz und geriebener Muskatnuss würzen) gezogen und in heißem Sesamöl gebacken.*

Gemüse-Tempura

Zutaten

Für den Teig:
2 Eiweiß (Größe M)
400 ml Eiswasser
Salz
200 g Reismehl

Für das Gemüse-Tempura:
150 g Kürbis
80 g Staudensellerie
50 g Shii-Take-Pilze ohne Stiel
100 g grüner Spargel
80 g junge Möhren
80 g Zucchini
80 g Blumenkohl
2 Stengel Minze
100 g Weizenmehl

1 kg Fritierfett

Zubereitungszeit:
60 Minuten

Pro Portion:
E: 11 g, F: 51 g, Kh: 69 g
kJ: 3398, kcal: 812

RAFFINIERT – VEGETARISCH

1 Für den Teig Eiweiß und das Eiswasser verrühren und salzen. Das Reismehl zugeben und kurz verrühren, nicht zu lange, da der Teig sonst klebrig wird.

2 Für das Gemüse-Tempura Kürbis schälen, entkernen und in mundgerechte Stücke schneiden. Staudensellerie putzen, waschen, harte Fäden an der Außenseite abziehen und in 6 cm lange Stäbchen schneiden. Shii-Take-Pilze putzen, mit Küchenpapier abreiben, evtl. abspülen, halbieren. Spargel schälen, waschen, längs halbieren. Möhren schälen, waschen und längs halbieren. Von den Zucchini die Enden abschneiden, waschen und in mundgerechte Stücke schneiden. Blumenkohl putzen, waschen, in Röschen zerpflücken und nochmals halbieren. Minze abspülen, von den groben Stängeln befreien.

3 Gemüse kurz in Salzwasser blanchieren, im Eiswasser kurz abschrecken und mit einem Tuch trocknen. Kurz im Mehl wälzen und anschließend durch den Backteig ziehen. Das Fett in einem Fonduetopf auf der Kochstelle erhitzen, dann auf das Rechaud stellen.

4 Gemüse nach und nach fritieren. Zum Schluss die Minzblätter fritieren.

5 Auf einem Küchenkrepp das Fett abtropfen lassen und sofort heiß servieren.

Tipps: *Süßsaure Sauce gibt es im Asia-Laden fertig zu kaufen. Gut schmeckt auch etwas Grüner Meerrettich (Seite 48) dazu. Tempura kann man auch gut mit Meeresfrüchten zubereiten. Dafür eignen sich besonders gut Riesengarnelen und Kalamares. Dann zuerst aber die Gemüse, dann die Meeresfrüchte bei 185 °C fritieren. Mit den fritierten Gemüsen zusammen servieren.*

Tempura-Fondue

Zutaten

Für den Teig:
1 Ei (Größe M)
200 g Weizenmehl
1 Prise Backpulver

Zum Fritieren:
etwa 1 l neutrales Öl, z. B. Sonnenblumenöl
1–2 EL Sesamöl

Zubereitungszeit:
15 Minuten

Pro Portion:
E: 73 g, F: 58 g, Kh: 37 g
kJ: 3043, kcal: 727

RAFFINIERT

1 Für den Teig Ei und 270-300 ml sehr kaltes Wasser verrühren. Mehl und Backpulver mischen. Wasser-Ei-Gemisch nach und nach unterrühren. (Den Teig möglichst erst kurz vor dem Gebrauch anrühren, da er dann beim Fritieren knuspriger wird.)

2 Das neutrale Öl auf etwa 170 °C erhitzen. (Das Öl ist heiß, wenn sich Bläschen um einen in das Öl getauchten Holzstiel bilden.) Sesamöl dazugeben.

Tipp: *Sollte die Temperatur des Öls während des Fritierens stark gesunken sein, das Öl erneut auf dem Herd erhitzen.*

Zum Dippen: *Marinierte Hähnchenbrustwürfel, Fischröllchen, marinierter Lachs, 6 Riesengarnelenschwänze (etwa 200 g, bis zu den Schwanzflossen geputzt und entdarmt), 150 g Thunfisch (in ca. 1 cm dicke Scheiben geschnitten), 150 g Huftsteak (in ca. 1 cm dicken Scheiben geschnitten), 250 g gemischte Pilze, z.B. Austernpilze, Champignons und Shii-Take-Pilze (alle Pilze geputzt und ggf. in Stücke geschnitten, bei Shii-Take-Pilzen die Stiele herausbrechen), 150 g blanchierte Zuckerschoten, 200 g Gurkenscheiben und 150 g Möhrenscheiben.*
Beilagen: *Saurer Reis, Schwarzwurzelsalat und Spaghettinisalat.*
Saucen: *grüner Meerrettich (Seite 48), süß-saure Mangosauce (siehe Geflügelfondue Seite 66), Grapefruitsauce und Sesam-Nuss-Sauce.*

Marinierte Hähnchenbrustwürfel

Zutaten

1 Orange (unbehandelt)
1 EL Sojasauce
250 g Hähnchenbrustfilet

Zubereitungszeit:
10 Minuten, ohne Marinierzeit

Pro Portion:
E: 16 g, F: 1 g, Kh: 3 g
kJ: 345, kcal: 83

EINFACH – GUT VORZUBEREITEN

1 Orange heiß abwaschen und trockenreiben. ¼ der Schale dünn abreiben und mit der Sojasauce verrühren.

2 Hähnchenbrust unter fließendem kalten Wasser abspülen, trockentupfen, in etwa 2 cm große Würfel schneiden und mit der Sauce mischen. Fleisch kühl stellen und mindestens 2 Stunden in der Sauce marinieren.

3 Fleischwürfel abtropfen lassen, in Tempurateig tauchen und im Öl fritieren.

Fischröllchen

Zutaten

3 Schollenfilets (ohne Haut, je 50 g)
100 g Salatgurke
3 Zweige Dill
1 EL Sojasauce

Zubereitungszeit:
20 Minuten

Pro Portion:
E: 8 g, F: 1 g, Kh: 1 g
kJ: 184, kcal: 44

RAFFINIERT

1 Schollenfilets der Länge nach halbieren. Jede Filethälfte in der Mitte quer durchschneiden.

2 Salatgurke schälen, der Länge nach halbieren, entkernen und in 12 etwa 3 cm lange Stifte schneiden. Dill abspülen und trockenschütteln.

3 Fischstücke nebeneinanderlegen, mit Sojasauce bestreichen und mit etwas Dill belegen. An ein Ende der Fischstücke jeweils ein Stück Gurke legen.

4 Fischstücke aufrollen. Ein Holzstäbchen waagerecht hineinstecken. Fischröllchen bis zum Fritieren kühl stellen.

5 Zum Fritieren jedes Röllchen mit dem Holzstäbchen auf eine Fonduegabel stecken, in den Tempurateig tauchen, etwas abtropfen lassen und in Öl fritieren.

Marinierter Lachs

Zutaten

10 g frischer Ingwer (ersatzweise ½ TL Ingwerpulver
2 EL Sojasauce, 1 TL Zucker
300 g Lachsfilet (ohne Haut)

Zubereitungszeit:
10 Minuten, ohne Marinierzeit

Pro Portion:
E: 15 g, F: 1 g, Kh: 2 g
kJ: 753, kcal: 181

GUT VORZUBEREITEN

1 Ingwer schälen und durch die Knoblauchpresse drücken. Sojasauce, Ingwer und Zucker verrühren.

2 Lachs in etwa 1 cm dicke Scheiben schneiden und mit der Sauce mischen. Lachs kühl stellen und mindestens 2 Stunden in der Sauce marinieren.

3 Lachsscheiben abtropfen lassen, in Tempurateig tauchen und im Öl fritieren.

Saurer Reis

Zutaten

170 g Langkornreis
Salz
40 g Mandelstifte
1 Bund Schnittlauch
3–4 EL Obstessig
2–3 EL Zucker
2 EL Sojasauce
½–1 TL Sesamöl

1 Reis in 500 ml (½ l) kochendes Salzwasser schütten und aufkochen lassen. Im geschlossenen Topf bei milder Hitze 12–15 Minuten garen, bis die Flüssigkeit aufgesogen ist. Reis lauwarm abkühlen lassen.

2 Inzwischen die Mandelstifte in einer Pfanne ohne Fett goldbraun rösten. Schnittlauch abspülen, trockenschütteln und in Röllchen schneiden.

3 Essig, Zucker, Sojasauce, Sesamöl, ¾ des Schnittlauchs und ¾ der Mandeln mischen und unter den Reis rühren. Mindestens 30 Minuten durchziehen lassen.

4 Reis mit Salz, Essig und Sesamöl abschmecken und mit restlichen Mandeln und Schnittlauchröllchen garnieren.

Zubereitungszeit:
20 Minuten, ohne Marinierzeit

Pro Portion:
E: 6 g, F: 7 g, Kh: 46 g
kJ: 1141, kcal: 272

PREISWERT

Grapefruitsauce

1 Grapefruits wie einen Apfel schälen, dabei die weiße Haut mit entfernen. Fruchtfilets zwischen den Trennhäuten herausschneiden. Dabei den Fruchtsaft auffangen. Grapefuitreste ausdrücken.

2 Zwiebeln abziehen und in kleine Würfel schneiden.

3 Zucker schmelzen lassen. Zwiebeln, Grapefruitfilets mit Saft und Preiselbeeren unterrühren. Sauce aufkochen und unter gelegentlichem Rühren etwa 10 Minuten offen einkochen lassen.

4 Grapefruitsauce mit Salz abschmecken und abkühlen lassen.

Zutaten

- 2 rosa Grapefruits
- 100 g Zwiebeln
- 75 g brauner Zucker
- 2 EL Preiselbeeren (aus dem Glas)
- Salz

Zubereitungszeit:
40 Minuten, ohne Abkühlzeit

Pro Portion:
E: 1 g, F: 0 g, Kh: 29 g
kJ: 527, kcal: 125

RAFFINIERT

Sesam-Nuss-Sauce

1 Cashewkerne fein hacken und in einer Pfanne ohne Fett goldbraun rösten.

2 Zwiebeln abziehen und fein würfeln. Knoblauch abziehen und durch die Presse drücken.

3 Sesam zu den Cashewkernen geben und kurz anrösten. Öl, Zwiebeln, Knoblauch und Ketchup dazugeben. Bei milder Hitze in der geschlossenen Pfanne etwa 10 Minuten köcheln lassen, dabei gelegentlich umrühren.

4 Sauce mit Salz, Pfeffer und Sambal Oelek würzen und nochmals aufkochen und abkühlen lassen.

Zutaten

- 100 g Cashewkerne
- 120 g Zwiebeln
- 1–2 Knoblauchzehen
- 50 g geschälter Sesam
- 4 EL Walnussöl
- 5–6 EL Tomatenketchup
- Salz
- frisch gemahlener Pfeffer
- ½ TL Sambal Oelek

Zubereitungszeit:
35 Minuten, ohne Abkühlzeit

Pro Portion:
E: 8 g, F: 29 g, Kh: 16 g
kJ: 1559, kcal: 372

GUT VORZUBEREITEN

Aus der Brühe

Kräuterfondue

Zutaten

1 Bund Suppengrün
3 Stiele Petersilie
1 ¼ l Gemüsefond
1 TL schwarze Pfefferkörner
1 TL getrocknete Kräuter der Provence
Salz
frisch gemahlener Pfeffer

Zubereitungszeit:
35 Minuten

Pro Portion:
E: 4 g, F: 1 g, Kh: 7 g
kJ: 222, kcal: 53

VEGETARISCH

1 Suppengrün putzen, waschen und in Stücke schneiden. Petersilie abspülen. Gemüsefond, Suppengrün, Petersilie, Pfefferkörner und Kräuter der Provence in einen Topf geben und zugedeckt 20 Minuten bei mittlerer Hitze kochen.

2 Gemüsefond durch ein Sieb in einen Fonduetopf gießen. Mit Salz und Pfeffer würzen. Nachdem die Gemüse im Fondue gegart wurden, die Brühe durch ein Sieb gießen, nachwürzen und servieren.

Zum Dippen: *300 g Blumenkohlröschen, 100 g Broccoli-Röschen, 150 g Kohlrabispalten, 100 g Spargelstücke, 100 g Champignonstücke, 100 g Zuckerschoten, 200 g Mini-Patissons oder Zucchinischeiben.*
Beigaben: *Kalte Gnocchi, bunter Bandnudelsalat, geräucherte Putenbrust, Mortadella, Salami, Ciabatta, Knoblauch-Baguette, Brödli (oder anderes Knäcke), gemischte Blattsalate und Rauke.*
Saucen: *Mandelsauce, Steinpilz-Pesto und Safran-Joghurt.*

Safran-Joghurt

Zutaten

2 mittelgroße (175 g) Zwiebeln
1 Knoblauchzehe
2 EL Olivenöl
1 Pck. gemahlener Safran
150 g Sahnejoghurt
Salz, Pfeffer

Zubereitungszeit:
25 Minuten, ohne Abkühlzeit

Pro Portion:
E: 2 g, F: 10 g, Kh: 5 g
kJ: 496, kcal: 118

1 Zwiebeln und Knoblauch abziehen, fein würfeln und im Öl glasig dünsten. Abkühlen lassen.

2 Safran und 2 Esslöffel heißes Wasser verrühren. Joghurt, Zwiebeln, Knoblauch damit verrühren und mit Salz und Pfeffer würzen.

Zutaten

1 Packung Gnocchi (500 g)
Salz
1 Stange (175 g) Porree (Lauch)
3 EL Olivenöl
3 EL Weißweinessig
frisch gemahlener Pfeffer

Zubereitungszeit:
20 Minuten, ohne Marinierzeit

Pro Portion:
E: 17 g, F: 12 g, Kh: 85 g
kJ: 2302, kcal: 549

VEGETARISCH

Kalte Gnocchi

1 Gnocchi nach Packungsanweisung in Salzwasser kochen, abgießen und kalt abschrecken.

2 Porree putzen, waschen und in Ringe schneiden. Porreeringe 3 Minuten im Öl dünsten. Mit Essig ablöschen.

3 Gnocchi und Porree mischen. Mit Salz und Pfeffer würzen und mindestens 1 Stunde stehenlassen.

4 Gnocchi nachwürzen.

Zutaten

200 g bunte Bandnudeln
Salz
40 g Buchweizen
175 g Möhren
1 EL Speiseöl
150 g Salatmayonnaise (50 % Fett)
150 g Vollmilchjoghurt
2 EL Weißweinessig
frisch gemahlener Pfeffer

Zubereitungszeit:
30 Minuten, ohne Marinierzeit

Pro Portion:
E: 10 g, F: 18 g, Kh: 49 g
kJ: 1725, kcal: 412

VEGETARISCH – GUT VORZUBEREITEN

Bunter Bandnudelsalat

1 Nudeln nach Packungsanweisung in Salzwasser kochen, abgießen und kalt abschrecken.

2 Buchweizen in einer Pfanne ohne Fett rösten. Möhren schälen, waschen, in feine Streifen schneiden und 3 Minuten im Öl dünsten.

3 Mayonnaise, Joghurt und Essig verrühren. Mit Salz und Pfeffer würzen. Nudeln, Möhren und Buchweizen mit der Sauce mischen und mindestens 1 Stunde stehenlassen.

4 Salat nachwürzen.

Mandelsauce

1 Mandeln in einer Pfanne ohne Fett rösten. Knoblauch abziehen, durch die Presse drücken und im Öl andünsten.

2 Sahne und Speisestärke verquirlen, zum Knoblauch geben und unter Rühren aufkochen lassen. Mit Salz, Pfeffer, Muskat und evtl. Aroma abschmecken.

Zutaten

30 g abgezogene, gemahlene Mandeln
2 Knoblauchzehen
1 EL Speiseöl
200 ml Schlagsahne
1 gestrichener TL Speisestärke
Salz
frisch gemahlener Pfeffer
geriebene Muskatnuss
evtl. 1–2 Tropfen Bittermandel-Aroma

Zubereitungszeit:
15 Minuten

Pro Portion:
E: 3 g, F: 23 g, Kh: 4 g
kJ: 1009, kcal: 241

GUT VORZUBEREITEN

Steinpilz-Pesto

1 Steinpilze in einem Sieb abspülen und in 125 ml (⅛ l) heißem Wasser 20 Minuten einweichen. Pinienkerne in einer Pfanne ohne Fett goldbraun rösten.

2 Knoblauch abziehen und fein würfeln. Steinpilze abtropfen lassen, dabei das Einweichwasser auffangen. Steinpilze hacken.

3 Knoblauch in 1 Esslöffel Öl andünsten. Gehackte Steinpilze mit dem Einweichwasser dazugeben und 10 Minuten dünsten.

4 Pinienkerne grob hacken. Minze abspülen und trockenschütteln. Die Blätter grob hacken. Steinpilze, Pinienkerne, Minze, Parmesan und restliches Olivenöl pürieren. Brühe unterrühren. Mit Salz und Pfeffer würzen.

Zutaten

10 g getrocknete Steinpilze
30 g Pinienkerne
1 Knoblauchzehe
6 EL Olivenöl
1 Stiel Pfefferminze
50 g geriebener Parmesan
6 EL Gemüsebrühe
Salz
frisch gemahlener Pfeffer

Zubereitungszeit:
45 Minuten

Pro Portion:
E: 7 g, F: 25 g, Kh: 2 g
kJ: 1156, kcal: 276

VEGETARISCH

Kartoffelfondue

Zutaten

1,1–1,2 l Gemüsefond (a. d. Glas, ersatzweise Gemüsebrühe)
½ Packung „Kartoffelpüree mit Milch" (135 g)
400 ml Schlagsahne
frisch gemahlener Pfeffer
geriebene Muskatnuss

Zubereitungszeit:
15 Minuten

Pro Portion:
E: 7 g, F: 56 g, Kh: 29 g
kJ: 1900, kcal: 454

RAFFINIERT

1 Gemüsefond erhitzen. Kartoffelpüree mit einem Kochlöffel einrühren und 1 Minute quellen lassen.

2 Sahne in das Kartoffelpüree rühren und alles erhitzen. Mit Pfeffer und Muskat abschmecken.

Zum Dippen: *Hackbällchen, Petersilien-Weißbrotwürfel, 250 g blanchierte Broccoli-Röschen, 250 g blanchierter grüner Spargel, 250 g blanchierte Möhrenstücke, 200 g angebratene Champignons, 200 g Cocktailtomaten, 200 g Bauernbrot-Würfel, 100 g Fleischwurstscheiben, 100 g Kasseler-Aufschnitt, 100 g kalter Schweinebraten und 200 g Kartoffelchips.*
Beigaben: *Eingelegte Rote Bete, Silberzwiebeln, gehackte Kräuter (Schnittlauch, Dill, Petersilie) und geriebener alter Gouda.*

Petersilien-Weißbrot-Würfel

Zutaten

200 g Kastenweißbrot
½ Bund glatte Petersilie
40 g Butter oder Margarine

Zubereitungszeit:
20 Minuten

Pro Portion:
E: 4 g, F: 10 g, Kh: 26 g
kJ: 933, kcal: 223

PREISWERT

1 Weißbrot in etwa 2 cm große Würfel schneiden. Petersilie abspülen und trockentupfen. Die Blätter grob hacken.

2 Fett in einer Pfanne erhitzen. Petersilie zugeben. Weißbrotwürfel darin unter gelegentlichem Wenden rundherum goldbraun braten.

Hackbällchen

Zutaten

1 Scheibe Toastbrot
1 Knoblauchzehe
350 g Gehacktes (halb Rind-, halb Schweinefleisch)
1 Ei (Größe M)
1 EL Tomatenketchup
Salz, Pfeffer
3 EL Rapsöl

Zubereitungszeit:
30 Minuten

Pro Portion:
E: 19 g, F: 32 g, Kh: 4 g
kJ: 1691, kcal: 404

EINFACH

1 Brot in kaltem Wasser einweichen. Knoblauch abziehen.

2 Hackfleisch, ausgedrücktes Toastbrot, Ei und Ketchup in eine Schüssel geben. Knoblauch durch die Presse drücken und dazugeben. Alles verkneten. Mit Salz und Pfeffer würzen.

3 Aus dem Hackfleischteig mit angefeuchteten Händen etwa 20 kleine Bällchen formen und im Öl rundherum etwa 10 Minuten braten.

Kasselerfondue

(Foto)

Zutaten

500 g Kasseler-Aufschnitt
400 g kleine Zwiebeln
1 Dose (Abtropfgewicht 490 g) Ananasscheiben
250 ml (¼ l) Ananassaft
250 ml (¼ l) trockener Weißwein
Salz, Pfeffer
evtl. etwas Tabasco

Zubereitungszeit:
30 Minuten

Pro Portion:
E: 31 g, F: 23 g, Kh: 28 g
kJ: 2117, kcal: 505

EINFACH – FÜR ERWACHSENE

1 Kasseler-Aufschnitt längs halbieren und aufrollen. Zwiebeln abziehen und in Ringe schneiden.

2 Ananas auf ein Sieb geben, abtropfen lassen, den Saft auffangen und 250 ml (¼ l) abmessen. Ananas in Stücke schneiden.

3 Kasseler-Röllchen, Zwiebelringe und Ananasstücke in Schälchen anrichten.

4 Ananassaft und Weißwein in einem Fonduetopf zum Kochen bringen und kräftig abschmecken.

5 Die Zutaten abwechselnd auf Fonduegabeln spießen, in dem Sud garen lassen.

Beigabe: *Weißbrot, Eisberg-Salat, Cumberlandsauce, Mandelmeerrettich, Tomaten-Mayonnaise, Mandarinensauce (Seite 91).*

Geflügelfondue

Zutaten

1 gestr. EL Korianderkörner
1 l Geflügelfond oder -brühe
Schale von 1 Zitrone (unbehandelt)
1 Entenbrustfilet (ca. 350 g)
500 g Putenbrustfilet
300 g Hähnchenbrustfilet
Salz
frisch gemahlener Pfeffer

Zubereitungszeit:
20 Minuten, plus Garzeit für das Fleisch

Pro Portion:
E: 72 g, F: 23 g, Kh: 3 g
kJ: 2307, kcal: 552

ETWAS TEURER

1 Koriander in einen Teefilter geben. Brühe und 250 ml (¼ l) Wasser mit Koriander und Zitronenschale im geschlossenen Topf 10 Minuten kochen.

2 Alle Fleischsorten kalt abspülen und trockentupfen. Entenbrust häuten, die Sehnen entfernen und das Fleisch in dünne Scheiben schneiden. Hähnchenbrust in Scheiben, Putenbrust in Würfel schneiden.

3 Koriander und Zitronenschale herausnehmen. Brühe mit Salz und Pfeffer würzen. Vorbereitetes Geflügelfleisch auf Fonduegabeln stecken und in der siedenden Brühe garen.

4 Nachdem das Fleisch gegart wurde, die Brühe durch ein Sieb gießen, nachwürzen und servieren.

Beilagen: *Zwiebelbaguettes, Nudelsalat mit Sesam, süß-saurer Salat, Rote-Linsen-Salat (Seite 84), 200 g gelbe Paprikaringe und 200 g Tomatenscheiben.*
Saucen: *Erdnusssauce, süß-saure Mangosauce und Pflaumensauce.*
Außerdem: *Baguette, Kartoffelchips und Sojasauce.*

Süß-saurer Salat

Zutaten

250 g Möhren
2 EL Speiseöl, Salz
½ Salatgurke (250 g)
1 Glas eingelegter Kürbis (200 g Abtropfgewicht)
1 Bund Pfefferminze
2–3 EL Obstessig
frisch gemahlener Pfeffer
1–2 TL Zucker

Zubereitungszeit:
25 Minuten, ohne Marinierzeit

Pro Portion:
E: 1 g, F: 7 g, Kh: 13 g
kJ: 524, kcal: 125

FÜR GÄSTE

1 Möhren schälen, waschen, würfeln und 5 Minuten in Öl dünsten. Möhren salzen und abkühlen lassen.

2 Gurke waschen, der Länge nach halbieren und mit einem Löffel entkernen. Hälften in Würfel schneiden.

3 Kürbis in einem Sieb abtropfen lassen und kleinschneiden. Minze abspülen und trockenschütteln. Die Blätter, bis auf einige zum Garnieren, hacken.

4 Gurkenwürfel, Essig, Kürbis und Minze zu den Möhren geben. Mit Salz, Pfeffer und Zucker würzen und mindestens 1 Stunde stehenlassen.

5 Salat vor dem Servieren abschmecken und mit restlicher Minze garnieren.

Zwiebelbaguettes

Zutaten

125 g Butter
50 g Röstzwiebeln
Salz
3–4 TL Currypulver
2 Baguettebrote zum Aufbacken (je 160 g)

Zubereitungszeit:
20 Minuten

Pro Portion:
E: 7 g, F: 31 g, Kh: 50 g
kJ: 2215, kcal: 529

SCHNELL

1 Butter und Zwiebeln mit einer Gabel verkneten. Mit Salz und Curry würzen.

2 Baguettes der Länge nach 3 mal tief einschneiden. Zwiebelbutter in die Einschnitte streichen. Brote auf einem mit Backpapier belegten Backblech in den Backofen schieben.

Ober-/Unterhitze: etwa 200 °C (vorgeheizt)
Heißluft: etwa 180 °C (vorgeheizt)
Gas: etwa Stufe 3 (vorgeheizt)
Backzeit: 10–15 Minuten.

Erdnusssauce

Zutaten

10 EL Wasser
150 g Erdnusscreme mit Stücken
1–2 TL Sojasauce
Sambal Oelek
1 TL neutraler Honig

Zubereitungszeit:
5 Minuten

Pro Portion:
E: 9 g, F: 21 g, Kh: 8 g
kJ: 1074, kcal: 246

GUT VORZUBEREITEN

1 Wasser in eine Schüssel geben. Erdnusscreme nach und nach unterrühren. Mit Sojasauce, Sambal Oelek und Honig würzen.

Mangosauce

1 Mangos schälen, das Fruchtfleisch vom Stein schneiden und würfeln. Chilischote der Länge nach aufschneiden, entkernen und fein würfeln.

2 Zucker in einem Topf mit dickem Boden goldbraun karamelisieren lassen. Mangos, Chili und Wasser dazugeben und zugedeckt 10 Minuten kochen.

3 Sauce mit Essig, Salz und Zucker abschmecken. Abkühlen lassen.

Zutaten

2 reife Mangos
½–1 grüne Chilischote
70 g Zucker
1–2 TL Obstessig
Salz, Zucker, 150 ml Wasser

Zubereitungszeit:
20 Minuten, ohne Abkühlzeit

Pro Portion:
E: 1 g, F: 0 g, Kh: 32 g
kJ: 565, kcal: 135

GUT VORZUBEREITEN – FÜR GÄSTE

Pflaumensauce

1 Knoblauch abziehen und durch die Presse drücken. Schalotte abziehen und würfeln. Chili waschen, der Länge nach aufschneiden, entkernen und würfeln.

2 Knoblauch, Schalotte und Chili in Öl andünsten. Pflaumen und Zimt dazugeben. Mit Wasser ablöschen und zugedeckt 10 Minuten kochen.

3 Pflaumen mit dem Schneidstab pürieren. Limette heiß abspülen und trockenreiben. Limettenschale abreiben, Limette auspressen. Pflaumensauce mit Limettenschale und -saft und Pfeffer würzen. Abkühlen lassen. Mit Limettenscheiben garnieren.

Zutaten

1–2 Knoblauchzehen
1 Schalotte
½–1 rote Chilischote
1 EL Speiseöl
150 g getrocknete Pflaumen (ohne Stein)
1 Msp. gemahlener Zimt
250 ml (¼ l) Wasser
1 Limette
frisch gemahlener Pfeffer
Limettenscheiben zum Garnieren

Zubereitungszeit:
20 Minuten, ohne Kühlzeit

Pro Portion:
E: 2 g, F: 4 g, Kh: 24 g
kJ: 625, kcal: 150

RAFFINIERT

Geflügelpäckchen

Zutaten

800 g Geflügelfleisch, z. B. Hähnchenbrustfilet oder Putenbrustfilet
4 EL Sojasauce
2 TL Zucker
1 gestr. TL Salz
schwarzer Pfeffer
2 EL Speiseöl
3 EL Wasser
24 Wirsing- oder Weinblätter
400 g frisches Bratwurstbrät
1 ½ l Geflügelbrühe

Zubereitungszeit:
70 Minuten, ohne Marinierzeit

Pro Portion:
E: 84 g, F: 42 g, Kh: 12 g,
kJ: 3423, kcal: 819

1 Geflügelfleisch kalt abspülen, trockentupfen und in 24 Stücke schneiden.

2 Sojasauce mit Zucker, Salz, Pfeffer, Speiseöl und Wasser verrühren. Fleisch in der Mischung etwa 30 Minuten marinieren.

3 Wirsingblätter abspülen, in kochendem Wasser etwa 2 Minuten blanchieren, gut abtropfen lassen.

4 Blätter auf einem Küchentuch ausbreiten, auf jedes Blatt etwa 2 Teelöffel frisches Bratwurstbrät verteilen, darauf je ein mariniertes Fleischstück legen, das Blatt zusammenrollen, mit Holzstäbchen zusammenstecken.

5 Päckchen auf Fonduegabeln stecken. Brühe in einem Fonduetopf erhitzen, die Päckchen etwa 5 Minuten darin garen lassen.

Beigabe: *Weißbrot, grüner Salat, Olivensauce, Ketchup- oder Kaviar-Sahne, feine Schnittlauchsauce*

Olivensauce

Zutaten

12 grüne Oliven
12 schwarze Oliven
3 Knoblauchzehen
2 EL Senf
1 EL abgespülte, feingehackte Petersilie
3–4 EL Olivenöl
Saft von 1 Zitrone
Salz, Pfeffer

Zubereitungszeit:
25 Minuten

Pro Portion:
E: 1 g, F: 16 g, Kh: 2 g,
kJ: 705, kcal: 168

GUT VORZUBEREITEN

1 Oliven halbieren, entkernen und sehr fein hacken. Knoblauch abziehen und zerdrücken.

2 Senf mit Petersilie in eine Schüssel geben, unter ständigem Rühren tropfenweise Öl und Zitronensaft hinzufügen.

3 Oliven und Knoblauch unterrühren, die Sauce mit Salz und Pfeffer würzen.

Tipp: *Zu gegrillten Würstchen, als Dip oder zu Fleisch- oder Geflügelfondue reichen.*

Gemüsefondue mit Wasserkastanien

Zutaten

200 g Staudensellerie
200 g Möhren
200 g Zuckerschoten
etwa 200 g Bambussprossen (aus dem Glas)
200 g Sojakeimlinge
200 g TK-Erbsen, 200 g Tofu
465 g Wasserkastanien (aus der Dose)
1 ½ l Gemüsebrühe
4 EL Sherry

Zubereitungszeit:
40 Minuten, ohne Auftauzeit

Pro Portion:
E: 15 g, F: 5 g, Kh: 66 g,
kJ: 1632, kcal: 389

1 Sellerie putzen, waschen, die harten Außenfäden abziehen, Sellerie in dünne Scheiben schneiden. Möhren putzen, waschen, schälen, in dünne Streifen schneiden. Zuckerschoten waschen, die Enden abschneiden.

2 Bambussprossen abtropfen lassen, evtl. kleinschneiden. Sojakeimlinge verlesen, waschen, abtropfen lassen. Erbsen auftauen lassen. Tofu abtropfen lassen. Kastanien abtropfen lassen.

3 Brühe in einem Fonduetopf erhitzen. Sherry hinzufügen, das Gemüse gemischt in ein kleines Sieb geben, in die Brühe halten, garen lassen.

Beigabe: *körnig gekochter Reis, Mango-Curry-Remoulade, Soja-Pilz-Sauce, scharfe Chinasauce (Seite 38).*

Soja-Pilz-Sauce

Zutaten

20 g chinesische Trockenpilze, z. B. Mu-err-Pilze
150 ml Wasser
2 EL Cream Sherry
3 EL Sojasauce
1 EL Zitronensaft
1 Frühlingszwiebel

Zubereitungszeit:
15 Minuten, ohne Einweichzeit der Pilze

Pro Portion:
E: 2 g, F: 0 g, Kh: 5 g,
kJ: 178, kcal: 43

RAFFINIERT

1 Trockenpilze nach Gebrauchsanleitung in Wasser einweichen und abtropfen lassen.

2 Flüssigkeit durch ein feines Sieb geben, mit den eingeweichten Pilzen, Sherry, Sojasauce und Zitronensaft im Mixer pürieren.

3 Frühlingszwiebel putzen, die Knolle evtl. abziehen. Frühlingszwiebel waschen, würfeln und unter die Sauce rühren.

Garnelenfondue

Zutaten

- 500 g TK-Garnelen
- 125 ml (⅛ l) Weißwein
- 2 Würfel Krebssuppe (für 500 ml [½ l] Flüssigkeit)
- 375 ml (⅜ l) Wasser
- 250 ml (¼ l) Schlagsahne
- Cayennepfeffer
- Salz

Zubereitungszeit:
30 Minuten, ohne Auftauzeit

Pro Portion:
E: 26 g, F: 22 g, Kh: 6 g,
kJ: 1508, kcal: 360

ETWAS TEURER

1 Garnelen bei Zimmertemperatur auftauen lassen, evtl den Darm entfernen, kurz abspülen und trockentupfen. Garnelen in Schälchen anrichten.

2 Wein, Krebssuppe und Wasser in einem Fonduetopf zum Kochen bringen. Sahne hinzugießen, mit Cayennepfeffer und Salz abschmecken. Auf dem Rechaud köcheln lassen.

3 Garnelen auf Fonduegabeln spießen, in der Brühe erhitzen und mit etwas von der Brühe verzehren.

Beilage: *Weißbrot, Kresse- und Gurkensalat, Selleriesalat, Blumenkohlröschen, Artischockenherzen und Cocktailsauce.*

Kressesalat

Zutaten

- 4 Kästchen Kresse

Für die Salatsauce:

- 4 EL Speiseöl
- 2 EL Zitronensaft
- Salz
- frisch gemahlener Pfeffer
- Zucker

Zubereitungszeit:
20 Minuten

Pro Portion:
E: 0 g, F: 12 g, Kh: 3 g,
kJ: 534, kcal: 128

SCHNELL

1 Kresse mit der Schere abschneiden, waschen und abtropfen lassen.

2 Für die Salatsauce Öl mit Zitronensaft verrühren, mit Salz, Pfeffer und Zucker abschmecken und mit der Kresse vermengen.

Meeresfrüchte-Fondue

Zutaten

1–1 ¼ kg küchenfertige Fische und Meeresfrüchte, z. B. Filets von festfleischigen Seefischen (Rotbarsch, Schellfisch, Scholle, Heilbutt, Lachs) oder Süßwasserfischen (Forelle, Lachsforelle), rohe Garnelen und Miesmuscheln
Weißwein
1 Zitrone (unbehandelt)
1 Zwiebel
60 g Petersilie, 1 große Möhre
1 Porree- (Lauch-)stange
1 ¼ l Hühnerbrühe
250 ml (¼ l) Weißwein
1 Lorbeerblatt
10 Pfefferkörner
1 Stängel Thymian, Salz

Zubereitungszeit:
55 Minuten

Pro Portion:
E: 60 g, F: 14 g, Kh: 8 g,
kJ: 2000, kcal: 479

ETWAS TEURER – FÜR ERWACHSENE

1 Fischstücke in etwa 2 cm große Stücke schneiden. Rohe Garnelen schälen, die Därme entfernen.

2 Miesmuscheln im geschlossenen Topf in Weißwein etwa 5 Minuten dünsten, bis die Schalen sich öffnen. Muscheln, die sich nicht öffnen, sind nicht genießbar. Muschelfleisch aus den Schalen nehmen, Fisch und Meeresfrüchte auf einer Platte anrichten.

3 Zitrone waschen, abtrocknen, auspressen, die Schale abraspeln. Zwiebel abziehen, würfeln. Petersilie waschen. Möhre putzen, schälen, waschen, in Scheiben schneiden. Porree putzen, in Scheiben schneiden, gründlich waschen.

4 Alle Zutaten mit Hühnerbrühe und Weißwein verrühren. Lorbeerblatt, Pfefferkörner, Thymian und Salz hinzufügen, zum Kochen bringen. Etwa 30 Minuten köcheln lassen, durch ein Sieb gießen. In einen Fonduetopf geben, auf dem Herd zum Kochen bringen, auf das Rechaud stellen, nur köcheln lassen. Meeresfrüchte auf Fonduegabeln spießen und kurz köcheln lassen.

Fondue maritime

Zutaten

600 g Schollenfilets
Saft von 1 Zitrone
Salz
frisch gemahlener Pfeffer
etwa 200 g TK-Scampi

1 Schollenfilets unter fließendem kalten Wasser abspülen, trockentupfen, längs halbieren, so dass 5–6 cm lange Streifen entstehen.

2 Mit Zitronensaft beträufeln, mit Salz und Pfeffer bestreuen, aufrollen.

(Fortsetzung Seite 78)

(Fortsetzung von Seite 76)

750 ml (¾ l) Hühnerbrühe
250 ml (¼ l) Weißwein
2 EL Sojasauce
3–4 EL trockener Sherry
½ TL Chilisauce

Zubereitungszeit:
20 Minuten, ohne Auftauzeit

Pro Portion:
E: 42 g, F: 8 g, Kh: 6 g,
kJ: 1454, kcal: 348

SCHNELL – FÜR GÄSTE

3 Scampi bei Zimmertemperatur auftauen und trockentupfen. Die Zutaten in Schälchen anrichten.

4 Brühe und Wein in einen Fonduetopf gießen, mit Sojasauce, Sherry und Chilisauce würzen, auf dem Rechaud köcheln lassen.

5 Die Zutaten auf Fonduegabeln spießen und in der Brühe garen lassen.

Beigabe: *Weißbrot, Gurkensalat, Senfsauce, Zwiebelsauce.*

Tipp: *Dies ist ein schönes Gericht für Gäste für den Silvesterabend. Servieren Sie einen trockenen Weißwein dazu.*

China-Fondue

Zutaten

600 g Schweinefilet
2 Knoblauchzehen
½ TL Salz
3 EL Sojasauce
1 EL Zucker
25 g getrocknete Mu-err-Pilze
75 g Krabben (ausgelöst)
75 g Shrimps (ausgelöst)
1 l Fleischbrühe
1 TL Instant Bratensaft
3 EL trockener Sherry

Zubereitungszeit:
50 Minuten

Pro Portion:
E: 50 g, F: 10 g, Kh: 12 g,
kJ: 1531, kcal: 366

FÜR GÄSTE

1 Schweinefilet unter fließendem kalten Wasser abspülen, trockentupfen und in dünne Scheiben schneiden. Knoblauchzehen abziehen, hacken, mit Salz, Sojasauce und Zucker verrühren. Das Fleisch darin wenden, etwa 30 Minuten stehen lassen.

2 Mu-err-Pilze nach Gebrauchsanleitung in kaltem Wasser einweichen, abtropfen lassen, die harten Stiele abschneiden, große Pilze halbieren. Pilze, Krabben und Shrimps in Schälchen anrichten.

3 Fleischbrühe in einem Fonduetopf erhitzen, Bratensaft und Sherry hinzufügen, auf dem Rechaud köcheln lassen.

4 Fleisch, Krabben und Pilze portionsweise in kleine Siebkellen füllen oder abwechselnd auf Fonduegabeln spießen, in der Brühe garen lassen.

Beigabe: *Reis, Weißbrot, Erbsen- oder Staudenselleriesalat, Chinasauce, Hot Ketchup, Sambal Oelek.*

Fondue chinoise

6 Portionen

Zutaten

- 2 l Gemüsebrühe
- Salz, Pfeffer
- 5 g frischer, gehackter Ingwer
- ½ Zitronengrasstängel (in Asia-Läden erhältlich)
- 1,2 kg Rinderfilet
- 800 g Gemüse, z. B. Chinakohl, Fenchel, Möhren, Staudensellerie, Sojasprossen
- 200 g Bambussprossen
- 1 Pck. (300 g) TK-Erbsen
- 120 g Glasnudeln

Zubereitungszeit:
30 Minuten, ohne Auftauzeit

Pro Portion:
E: 50 g, F: 16 g, Kh: 17 g,
kJ: 2069, kcal: 494

FÜR GÄSTE – RAFFINIERT

1 Gemüsebrühe in einen Fonduetopf geben, auf dem Herd aufkochen lassen, mit Salz und Pfeffer kräftig abschmecken. Ingwer unterrühren, den Topf auf ein Rechaud stellen, die Brühe nur schwach köcheln lassen.

2 Zitronengrasstängel kleinschneiden, in die Brühe geben. Rinderfilet unter fließendem kalten Wasser abspülen, trockentupfen, in dünne Scheibchen schneiden (evtl. kurz anfrieren lassen, dann lässt es sich leichter schneiden).

3 Gemüse putzen, waschen, in Streifen oder kleine Stücke schneiden, Sojasprossen abtropfen lassen, das Gemüse in Salzwasser 2–3 Minuten vorgaren, abtropfen lassen. Bambussprossen abtropfen lassen, in Streifen schneiden. Erbsen auftauen lassen. Glasnudeln mit kochendem Wasser übergießen.

4 Alle Zutaten nach Belieben kombiniert in Siebkellen füllen, etwa 2 Minuten in die siedende Brühe hängen, herausnehmen, etwas abtropfen lassen, die Körbchen auf Teller stürzen.

Beigabe: *Ingwersauce, Sesamsauce, Teufelssauce.*

Ingwersauce

Zutaten

- 50 g frische Ingwerwurzel
- 100 g Mayonnaise
- abgeriebene Schale von ½ Zitrone (unbehandelt)
- Salz
- frisch gemahlener Pfeffer

Zubereitungszeit:
10 Minuten

Pro Portion:
E: 0 g, F: 9 g, Kh: 2 g,
kJ: 397, kcal: 95

1 Ingwerwurzel schälen und fein reiben.

2 Ingwer mit Mayonnaise verrühren und mit Zitronenschale, Salz und Pfeffer abschmecken.

Tipps: *Ingwersauce zu Schalentieren wie z. B. Garnelen oder Scampi reichen. Ingwersauce paßt auch gut zu Fondue sowohl zu Fleischfondue in Fett als auch zu einem chinesischen Fondue.*

Salate, Saucen & Beilagen

Salate

Marinierte Rettichscheiben

Zutaten

- 400 g Rettich
- 3–5 EL Speiseöl
- Salz
- 10 g geschälter Sesam (Reformhaus)
- 3 EL Obstessig
- gemahlener Kreuzkümmel
- 3 Radieschen
- einige Schnittlauchhalme

Zubereitungszeit:
45 Minuten, ohne Marinierzeit

Pro Portion:
E: 2 g, F: 14 g, Kh: 2 g
kJ: 597, kcal: 143

VEGETARISCH

1 Rettich schälen, in dünne Scheiben schneiden oder hobeln und portionsweise von beiden Seiten im erhitzten Öl anbraten. Auf Küchenpapier abtropfen lassen und salzen.

2 Sesam in einer Pfanne ohne Fett goldbraun rösten.

3 Sesam, Essig, wenig Salz und Kreuzkümmel verrühren. Rettich unterheben und mindestens 30 Minuten stehenlassen.

4 Radieschen putzen, waschen und hacken. Schnittlauch abspülen, trockenschütteln und in lange Röllchen schneiden. Rettich mit Schnittlauch und Radieschen bestreuen.

Spinatsalat

Zutaten

- 75 g Mungobohnensprossen
- Salz
- 75 g Spinat
- 125 g Kirschtomaten
- 1 EL Obstessig
- 1 EL Balsamessig
- frisch gemahlener Pfeffer
- 3 EL Speiseöl

Zubereitungszeit:
25 Minuten

Pro Portion:
E: 1 g, F: 9 g, Kh: 2 g
kJ: 422, kcal: 101

1 Sprossen verlesen, waschen, gut trockentupfen. Spinat verlesen, waschen und abtropfen lassen. Tomaten putzen, waschen und, je nach Größe, vierteln oder sechsteln.

2 Aus Obstessig, Balsamessig, Salz, Pfeffer und Öl eine Salatsauce rühren. Mit den vorbereiteten Salatzutaten mischen.

Nudelsalat mit Sesam

Zutaten

150 g Bandnudeln
Salz
50 g geschälter Sesam (Reformhaus)
50 g Luzerne- oder Alfalfasprossen
2–3 EL Weißweinessig
3–4 TL Sojasauce
2–3 EL Zucker
frisch gemahlener Pfeffer
2 EL neutrales Öl, z. B. Sonnenblumenöl
1–2 TL Sesamöl

Zubereitungszeit:
20 Minuten, ohne Marinierzeit

Pro Portion:
E: 9 g, F: 16 g, Kh: 38 g
kJ: 1472, kcal: 351

VEGETARISCH

1 Nudeln nach Packungsanweisung in Salzwasser kochen, abgießen und kalt abschrecken.

2 Sesam in einer Pfanne ohne Fett goldbraun rösten. Sprossen in einem Sieb abspülen und abtropfen lassen.

3 Essig, Sojasauce, Zucker, Salz, Pfeffer und Öl zu einer Salatsauce verrühren. Nudeln, Sesam und ¾ der Sprossen mit der Sauce mischen und mindestens 1 Stunde stehenlassen.

4 Salat, falls nötig, nachwürzen und mit den restlichen Sprossen garnieren.

Rote-Linsen-Salat

Zutaten

100 g rote Linsen
200 ml Gemüsebrühe
200 g Frühlingszwiebeln
150 g Aprikosen (a. d. Dose)
150 g Zuckerschoten, Salz
20 g Ingwer (ersatzweise ½ TL gemahlener Ingwer)
1–2 EL Himbeeressig
frisch gemahlener Pfeffer
4 EL Sonnenblumenöl
1–2 EL Nussöl

Zubereitungszeit:
25 Minuten, ohne Marinierzeit

Pro Portion:
E: 4 g, F: 20 g, Kh: 20 g
kJ: 1219, kcal: 291

RAFFINIERT

1 Linsen in die kochende Brühe geben, aufkochen und bei milder Hitze etwa 8 Minuten kochen, bis die Brühe aufgesogen ist. Frühlingszwiebeln putzen, waschen, schräg in Ringe schneiden und unter die heißen Linsen heben. Abkühlen lassen.

2 Aprikosen in Spalten schneiden. Zuckerschoten waschen, putzen und in kochendem Salzwasser 2 Minuten blanchieren. Zuckerschoten kalt abschrecken und quer in Streifen schneiden.

3 Ingwer schälen und reiben. Essig, Salz, Pfeffer, Ingwer und Öl zu einer Salatsauce verrühren und abschmekken. Linsengemüse, Aprikosen und Zuckerschoten in der Sauce mischen und mindestens 1 Stunde stehenlassen.

4 Den Salat vor dem Servieren nachwürzen.

Schwarzwurzelsalat

Zutaten

1 Glas Schwarzwurzeln (320 g Abtropfgewicht)
50 g Feldsalat
100 g Möhren
2 Orangen
1–2 EL Obstessig
2 EL neutrales Öl, z. B. Sonnenblumenöl
2–3 EL Nussöl
Salz
frisch gemahlener Pfeffer
Cayennepfeffer

Zubereitungszeit:
35 Minuten, ohne Marinierzeit

Pro Portion:
E: 2 g, F: 15 g, Kh: 13 g
kJ: 879, kcal: 210

RAFFINIERT

1 Schwarzwurzeln in einem Sieb abspülen und abtropfen lassen. Feldsalat putzen, waschen und trockenschleudern.

2 Möhren schälen, waschen und in sehr dünne, etwa 3 cm lange Streifen schneiden.

3 Orangen wie einen Apfel schälen, dabei die weiße Haut mit entfernen. Fruchtfilets zwischen den Trennhäuten herausschneiden. Dabei den Fruchtsaft auffangen.

4 Obstessig, 3-4 Esslöffel Orangensaft, Öl, Salz, Pfeffer und Cayenne zu einer Salatsauce verrühren. Gemüse darin mischen und mindestens 30 Minuten durchziehen lassen. Kurz vor dem Servieren den Salat mit Salz und Pfeffer abschmecken. Auf dem Feldsalat anrichten.

Spaghettinisalat

Zutaten

120 g Spaghettini (ersatzweise kurze Spaghetti)
Salz
1 dünne Stange (100 g) Porree (Lauch)
50 g Staudensellerie
1–2 TL eingelegter grüner Pfeffer (a. d. Glas)
70 g Salatmayonnaise (50 % Fett)
1–2 EL Sojasauce
frisch gemahlener Pfeffer

Zubereitungszeit:
15 Minuten, ohne Marinierzeit

Pro Portion:
E: 6 g, F: 7 g, Kh: 24 g
kJ: 778, kcal: 186

RAFFINIERT

1 Spaghettini 3–4 mal durchbrechen und nach Packungsanweisung in kochendem Salzwasser garen.

2 Porree putzen, der Länge nach halbieren, waschen und quer in halbe Ringe schneiden. Ringe 2 Minuten vor Ende der Garzeit zu den Spaghettini geben und mitgaren. Spaghettini und Porree abgießen, mit kaltem Wasser abschrecken und abtropfen lassen.

3 Staudensellerie putzen, waschen und fein würfeln. Pfeffer abspülen, abtropfen lassen und fein hacken.

4 Mayonnaise mit Sojasauce verrühren. Alle Salatzutaten mischen und mindestens 30 Minuten durchziehen lassen. Spaghettinisalat mit Salz und Pfeffer abschmecken.

Fonduesaucen

Chutney mit Bananen

Zutaten
250 g vorbereitete, enthäutete Tomaten
250 g vorbereitete, geschälte Äpfel
200 g geschälte Bananen
1 TL Currypulver
1 TL Paprikapulver
Salz, Pfeffer
50 g Rosinen
100 ml Apfelsaft
100 ml Obstessig
½ Pck. (250 g) Extra-Gelierzucker

Zubereitungszeit:
30 Minuten

Pro Portion:
E: 7 g, F: 1 g, Kh: 82 g
kJ: 1578, kcal: 374

GUT VORZUBEREITEN

1 Von den Tomaten die Stängelansätze herausschneiden, die Tomaten evtl. entkernen, das Fruchtfleisch in feine Würfel schneiden, wiegen (250 g). Äpfel vierteln, entkernen, fein würfeln, wiegen (250 g).

2 Bananen in Stücke schneiden. Alles mit den übrigen Zutaten in einem Topf unter Rühren zum Kochen bringen und etwa 10 Minuten unter Rühren kochen lassen.

3 Die Masse heiß in gründlich gesäuberte Gläser mit Twist-Off-Deckeln füllen und verschließen. Gläser sofort umdrehen und 5 Minuten auf dem Deckel stehen lassen.

Preiselbeer-Sahne (Foto)

Zutaten
200 ml Schlagsahne
1 Pck. Sahnesteif
1 Becher (150 g) Natur-Joghurt
1 TL geriebener Meerrettich (a. d. Glas)
Salz, Pfeffer
3 EL Preiselbeerkonfitüre

Zubereitungszeit:
10 Minuten

Pro Portion:
E: 3 g, F: 17 g, Kh: 15 g
kJ: 979, kcal: 234

KLASSISCH

1 Sahne mit Sahnesteif steif schlagen. Unter den verrührten Joghurt heben. Meerrettich, Salz und Pfeffer unterrühren und die Sahne abschmecken.

2 Preiselbeerkonfitüre (etwas zum Garnieren zurücklassen) unter die Joghurt-Sahne-Masse heben, in Schälchen anrichten, mit den zurückgelassenen Preiselbeeren garnieren.

Rohe Tomatensauce (Foto Seite 89)

Zutaten

1 kg Fleischtomaten
2–3 EL Tomatenmark
2 EL Tomatenketchup
Salz
frisch gemahlener weißer Pfeffer
Oregano
Tabascosauce
2–3 EL Rotwein

Zubereitungszeit:
25 Minuten

Pro Portion:
E: 3 g, F: 1 g, Kh: 8 g
kJ: 233, kcal: 57

PREISWERT

1 Tomaten kurze Zeit in kochendes Wasser legen (nicht kochen lassen), in kaltem Wasser abschrecken, enthäuten, die Stängelansätze herausschneiden, die Tomaten entkernen. Die Tomaten grob würfeln, zusammen mit dem Tomatenmark und- ketchup pürieren.

2 Die Tomatensauce mit Gewürzen und Rotwein abschmecken. Bis zum Servieren kalt stellen.

Tipp: *Rohe Tomatensauce kühl aufbewahren, da gehäutete Tomaten nicht lange haltbar sind.*

Kaviarsauce mit Orangenstreifen (Foto Seite 89)

Zutaten

2 Becher (je 150 g) Crème fraîche
1 Glas (25 g) Kaviar
1 geh. EL Orangenmarmelade
Salz
frisch gemahlener weißer Pfeffer
1 Orange (unbehandelt)

Zubereitungszeit:
20 Minuten

Pro Portion:
E: 4 g, F: 24 g, Kh: 7 g
kJ: 1103, kcal: 263

ETWAS TEURER

1 Crème fraîche mit dem Kaviar und der Orangenmarmelade verrühren, mit den Gewürzen abschmecken.

2 Die Orange heiß abwaschen, mit einem Zestenschneider feine Streifen abschneiden oder nur die gelbe Schale abschneiden und in dünne Streifen schneiden. Die Streifen in kochendes Wasser geben und 5 Minuten kochen, abgießen.

3 Die Orange halbieren, den Saft auspressen. Orangensaft und -schale unter die Kaviar-Crème-fraîche rühren, etwas Schale zum Garnieren zurücklassen.

4 Die Sauce in Schälchen geben und mit den zurückgelassenen Orangenschalenstreifen und evtl. etwas Kaviar garnieren.

Kräutersauce (Foto Seite 89)

1 Joghurt und Schmand verrühren. Senf und Gewürze unterrühren und die Sauce abschmecken.

2 Gehackten Dill unterrühren. Sauce in Schälchen anrichten und mit abgespülten Kräutern garnieren.

Tipp: *Den Schmand durch Crème fraîche ersetzen oder verschiedene Kräuter, z. B. Schnittlauch, Kerbel, Oregano oder Petersilie unterrühren.*

Zutaten

2 Becher (je 150 g) Natur-Joghurt
200 g Schmand
2 gestr. TL mittelscharfer Senf
Salz
frisch gemahlener weißer Pfeffer
Zucker
2 EL gehackter Dill
Kräuter zum Garnieren, z. B. Kerbelblättchen

Zubereitungszeit:
15 Minuten

Pro Portion:
E: 5 g, F: 18 g, Kh: 6 g
kJ: 896, kcal: 214

SCHNELL

Mandarinensauce

1 Mayonnaise, Crème fraîche und Gewürze verrühren.

2 Mandarinen auf ein Sieb geben. Saft auffangen, 4–5 Esslöffel davon unter die Sauce rühren.

3 Mandarinen etwas zerkleinern und unterheben. Evtl. nochmals abschmecken.

Zutaten

2 EL Salatmayonnaise
250 g Crème fraîche
1 TL Currypulver
Salz
frisch gemahlener weißer Pfeffer
1 Dose Mandarinen (185 g Abtropfgewicht)

Zubereitungszeit:
25 Minuten

Pro Portion:
E: 2 g, F: 37 g, Kh: 4 g
kJ: 1564, kcal: 373

EINFACH

Teufelssauce (Foto)

Zutaten

2 hartgekochte Eier
2 EL Speiseöl
1 EL Senf, 1 TL Essigessenz
1 TL Zwiebelwürfel
Salz, Pfeffer, Zucker
1 TL gehackter Estragon
1 EL geriebener Apfel
3 EL Rotwein
½ TL Tabascosauce

Zubereitungszeit:
15 Minuten

Pro Portion:
E: 4 g, F: 10 g, Kh: 1 g
kJ: 497, kcal: 119

SCHNELL

1 Eier pellen, Eigelb durch ein Sieb streichen, nach und nach Öl, Senf, Essigessenz und Zwiebelwürfel unterrühren. Mit Salz, Pfeffer, Zucker und Estragon abschmekken.

2 Nach und nach Apfel, Wein und Tabascosauce unterrühren. Nach Belieben nochmals mit den Gewürzen abschmecken.

Tipp: *Zu gegrilltem Fleisch oder Fondue reichen.*

Tahini (Knoblauch-Sesam-Sauce)

Zutaten

5–6 Knoblauchzehen
100 g Tahinpaste (Sesampaste
2 EL Zitronensaft
1 TL Sambal Oelek
1 TL Sojasauce
Salz, 100 ml Olivenöl

Zubereitungszeit:
15 Minuten

Pro Portion:
E: 5 g, F: 40 g, Kh: 4 g
kJ: 1728, kcal: 412

GUT VORZUBEREITEN

1 Knoblauchzehen abziehen, durch die Knoblauchpresse geben.

2 Mit Tahinpaste, Zitronensaft, Sambal Oelek, Sojasauce und Salz in eine hohe Rührschüssel geben. Langsam Öl hinzufügen, alles pürieren und abschmecken.

Tipp: *Diese Sauce kann zu Fladenbrot, Fondue oder gegrilltem Gemüse gereicht werden. Tahinpaste gibt es in Asia- oder Naturkostläden.*

Zutaten

1 Becher (150 g) Joghurt
2 TL Ingwerpulver
1 TL Currypulver
½ TL gemahlener Koriander
1 TL Honig, 1 TL Dijon-Senf
1 EL Ingwerkonfitüre
Zimtpulver, Salz

Zubereitungszeit:
10 Minuten

Pro Portion:
E: 2 g, F: 2 g, Kh: 9 g
kJ: 258, kcal: 62

SCHNELL

Ingwer-Curry-Dressing (Foto)

1 Joghurt evtl. abtropfen lassen. Mit Ingwer, Curry, Koriander, Honig, Dijon-Senf und Ingwerkonfitüre verrühren.

2 Mit Zimt und Salz abschmecken.

Tipp: *Zu Salaten, gegrilltem Fleisch oder Fondue reichen.*

Zutaten

300 g Joghurt
2–3 Schalotten
1–2 Knoblauchzehen
1 Bund Dill
1 Bund glatte Petersilie
1 Bund Basilikumblättchen
2 EL Zitronensaft
3 EL Olivenöl
Salz, Pfeffer, Zucker

Zubereitungszeit:
25 Minuten

Pro Portion:
E: 4 g, F: 12 g, Kh: 9 g
kJ: 704, kcal: 168

SCHNELL

Kräuter-Joghurt-Dressing

1 Joghurt evtl. abtropfen lassen, Schalotten abziehen, sehr fein würfeln, Knoblauch abziehen, zerdrücken.

2 Kräuter abspülen, trockentupfen und hacken.

3 Zitronensaft und Öl verrühren, mit Salz, Pfeffer und Zucker würzen und alles mit dem Joghurt verrühren.

Tipp: *Zu Salaten, gegrilltem Fleisch, Fondue oder gebackenen Kartoffeln reichen.*

Kokosfondue

Zutaten

1 Dose Kokosmilch (400 ml)
3–4 EL Zucker
350 ml Wasser
30 g Speisestärke
5 EL Wasser
2 EL Kokosraspel
8 EL Schlagsahne
3–4 EL Kokoslikör

Zubereitungszeit:
15 Minuten

Pro Portion:
E: 1 g, F: 13 g, Kh: 29 g
kJ: 1129, kcal: 270

RAFFINIERT

1 Kokosmilch, Zucker und Wasser aufkochen. Stärke und Wasser verrühren, in die kochende Kokosflüssigkeit rühren und aufkochen lassen.

2 Kokosraspel und Sahne dazugeben und kurz köcheln lassen. Mit Kokoslikör abschmecken.

Zum Dippen: *gedünstete Kumquats, ½ Paket Mini Windbeutel (12 Stück) mit Vanillegeschmack, 1 Paket gefüllte Orangenkekse (125 g), 3 geviertelte Frühstückswaffeln (100 g), 2 Milchbrötchen, in Scheiben geschnitten, je 100 g grüne und blaue Weintrauben, 250 g geviertelte Pflaumen, 1 Sternfrucht (Karambole), in Scheiben geschnitten, 2 Papayas, geschält, entkernt und in Scheiben geschnitten und 250 g Cantaloupe-Melone oder Charantais-Melone, entkernt und in Spalten geschnitten.*

Beigaben: *geröstete Kokosraspel und Bananenchips.*

Gedünstete Kumquats

Zutaten

12 Kumquats (150 g)
1 EL Zucker
½ TL Vanillezucker
125 ml (⅛ l) Wasser

Zubereitungszeit:
10 Minuten

Pro Portion:
E: 1 g, F: 1 g, Kh: 26 g
kJ: 172, kcal: 41

RAFFINIERT

1 Kumquats waschen und putzen. Zucker, Vanillezucker und Wasser aufkochen. Die Kumquats 5 Minuten darin dünsten. Abkühlen lassen.

Orangenfondue

(Foto)

Zutaten

500 ml (½ l) Orangensaft
(von etwa 6 Orangen)
2–3 EL brauner Zucker
1 EL Speisestärke
2 EL Zitronensaft

Zubereitungszeit:
25 Minuten

Pro Portion:
E: 1 g, F: 0 g, Kh: 23 g
kJ: 422, kcal: 101

FÜR KINDER

1 Orangensaft mit Zucker in einem Fonduetopf auf der Kochstelle zum Kochen bringen, die Flüssigkeit etwas einkochen lassen.

2 Speisestärke mit Zitronensaft anrühren, den Saft damit binden, evtl. mit Zucker abschmecken, das Fondue auf dem Rechaud weiterköcheln lassen.

Beigabe: *Zwieback, Löffelbiskuits, Bananenwürfel, gedünstete Apfel-, Pfirsich- und Birnenspalten.*

Karamellfondue

Zutaten

100 g brauner Zucker
500 ml (½ l) Schlagsahne
3–4 TL Speisestärke
1–2 EL Rum

Zubereitungszeit:
15 Minuten

Pro Portion:
E: 3 g, F: 39 g, Kh: 31 g
kJ: 2128, kcal: 509

PREISWERT

1 Zucker in einer Fonduepfanne auf der Kochstelle unter ständigem Rühren schmelzen lassen.

2 400 ml Sahne vorsichtig hinzugießen, erhitzen, bis sich der Karamell aufgelöst hat. Speisestärke mit der restlichen Sahne verrühren, unter die Karamellsahne rühren und aufkochen lassen.

3 Mit Rum abschmecken, das Fondue auf dem Rechaud weiterköcheln lassen.

Beigabe: *Makronen, in Stücke geschnittene Milchbrötchen, Bananenwürfel, gedünstete Birnen- und Apfelspalten.*

Tipp: *Wenn Kinder mitessen, den Rum weglassen und nach Belieben 100 g abgezogene, gehackte Mandeln mit dem Zucker bräunen.*

Fondue für Kinder

Zutaten

500 ml (½ l) Waldmeistersirup
250 ml (¼ l) klarer Apfelsaft
Schale von 1 Zitrone (unbehandelt)
40 g Speisestärke
2–3 EL Zitronensaft

Zubereitungszeit:
15 Minuten

Pro Portion:
E: 1 g, F: 0 g, Kh: 107 g
kJ: 1810, kcal: 432

1 Waldmeistersirup, 150 ml Apfelsaft und Zitronenschale etwa 5 Minuten köcheln lassen.

2 Übrigen Apfelsaft und Speisestärke verrühren. In die kochende Sirupmischung rühren und kurz köcheln lassen. Mit Zitronensaft abschmecken.

Zum Dippen: *Knusperschnitten, Bananen-Baiser-Spieße, Kirschspieße, 75 g Marshmallows, 1 Apfel, in Spalten geschnitten und mit Zitronensaft beträufelt, 1 Birne, in Spalten geschnitten und mit Zitronensaft beträufelt, 8 Erdbeeren, 8 Butterkekse und 75 g Popcorn.*
Beigaben: *Brausepulver, Schokostreusel und bunte Zuckerstreusel.*

SCHNELL

Knusperschnitten

Zutaten

20 g Cornflakes
3 Kinder Milchschnitten (je 28 g)

Zubereitungszeit:
10 Minuten

Pro Portion:
E: 1 g, F: 1 g, Kh: 18 g
kJ: 348, kcal: 83

1 Cornflakes zerbröseln und auf einen Teller geben.

2 Jede Milchschnitte quer in 5 gleich große Streifen schneiden. Streifenränder in die Cornflakes drücken. Cornflakes leicht andrücken.

SCHNELL

Bananen-Baiser-Spieße

Zutaten

1 Banane (etwa 200 g)
1 EL Zitronensaft
100 g Mini-Baisers

Zubereitungszeit:
10 Minuten

Pro Portion:
E: 1 g, F: 0 g, Kh: 22 g
kJ: 420, kcal: 101

1 Banane schälen, in 8 gleichgroße Stücke schneiden und mit Zitronensaft beträufeln.

2 Je 2 Baiser und 1 Stück Banane auf einen Spieß von 8 kleinen Holzspießen stecken.

Zutaten

12 Süßkirschen
100 g Sandkuchen

Zubereitungszeit:
10 Minuten

Pro Portion:
E: 1 g, F: 6 g, Kh: 13 g
kJ: 494, kcal: 118

SCHNELL

Kirsch-Kuchen-Spieße

1 Süßkirschen waschen, trockentupfen und entsteinen. Sandkuchen erst in Scheiben, dann in je 12 Würfel schneiden.

2 Je 2 Sandkuchenwürfel und 1 Kirsche auf einen von 12 kleinen Holzspießen stecken.

Milch-Vanille-Fondue

(Foto)

Zutaten

6 Eigelb (Größe M)
100 g Zucker
½ Vanilleschote
500 ml (½ l) Milch
Obstlikör

Zubereitungszeit:
20 Minuten

Pro Portion:
E: 8 g, F: 12 g, Kh: 31 g,
kJ: 1189, kcal: 283

FÜR ERWACHSENE

1 Eigelb mit Zucker cremig rühren.

2 Vanilleschote längs aufschneiden, das Vanillemark auskratzen und mit Milch zum Kochen bringen.

3 Die heiße Milch unter ständigem Rühren zu der Eigelbmasse geben, die Sauce unter Rühren wieder erhitzen (nicht kochen lassen), evtl. durch ein Sieb gießen und mit Obstlikör abschmecken.

Beigabe: *Feines Kleingebäck, Sandkuchen, Walnusskerne, Schokolade, Kiwistücke, Erdbeeren, Weintrauben, Bananen, Orangen, Birnen, Pfirsiche, Äpfel.*

Weißes Schokofondue

Zutaten

300 g weiße Schokolade
500 ml (½ l) Maracuja-Nektar
200 ml Schlagsahne
25 g Speisestärke

Zubereitungszeit:
15 Minuten

Pro Portion:
E: 5 g, F: 38 g, Kh: 66 g
kJ: 2721, kcal: 650

FÜR KINDER

1 Schokolade in Stücke brechen. Maracuja-Nektar, Schokolade und 100 ml Sahne unter Rühren in einem Fonduetopf erhitzen, bis die Schokolade geschmolzen ist.

2 Übrige Sahne und Speisestärke verrühren. In die kochende Saftmischung rühren und kurz köcheln lassen.

Zum Dippen: *6 Eisfächer, 8 Biskuit-Spieße, 12 Kugeln Kokos-Mandel-Konfekt (z.B. Raffaello), 2 Berliner, in Ecken geschnitten, 100 g Cigarettes russes, 1 Mango, geschält und in Würfel geschnitten, je 8 Mini-Äpfel und -Birnen (aus der Dose) und 250 g Erdbeeren.*
Beigaben: *Kirschkompott.*

Eisfächer

Zutaten

1 EL Johannisbeergelee
12 herzförmige Eiswaffeln

Zubereitungszeit:
10 Minuten, ohne Trockenzeit

Pro Portion:
E: 4 g, F: 9 g, Kh: 43 g
kJ: 1120, kcal: 267

FÜR KINDER

1 Johannisbeergelee in einem kleinen Topf erhitzen, dabei glattrühren.

2 Die Hälfte der Eiswaffeln mit Gelee bestreichen. Übrige Eiswaffeln darauflegen. Gelee trocknen lassen.

Biskuitspieße

Zutaten

75 g fertiger Biskuitboden (Obstboden)
2 EL Orangenlikör

Zubereitungszeit:
10 Minuten

Pro Portion:
E: 1 g, F: 1 g, Kh: 13 g
kJ: 326, kcal: 78

FÜR ERWACHSENE

1 Biskuitboden in Streifen (etwa 3 x 1 cm) schneiden. Je 2 Biskuitstreifen auf einen Holzspieß stecken.

2 Biskuitspieße mit Orangenlikör beträufeln.

Zutaten

1 Glas Sauerkirschen
(360 g Abtropfgewicht)
1 EL Speisestärke
½ Zimtstange
2–3 EL Zucker

Zubereitungszeit:
10 Minuten, ohne Abkühlzeit

Pro Portion:
E: 0 g, F: 0 g, Kh: 31 g
kJ: 559, kcal: 133

GUT VORZUBEREITEN

Kirschkompott

1 Kirschen auf einem Sieb abtropfen lassen, Saft dabei auffangen.

2 4 Esslöffel Kirschsaft und Speisestärke verrühren. Übrigen Kirschsaft, Zimtstange und Zucker aufkochen. Angerührte Stärke unterrühren und aufkochen lassen. Kirschen unterheben. Kompott erkalten lassen, die Zimtstange entfernen.

Mokkafondue

(Foto)

Zutaten

500 ml (½ l) Schlagsahne
4 EL Pulverkaffee
300 g Vollmilchschokolade
evtl. 2–4 cl Rum

Zubereitungszeit:
15 Minuten

Pro Portion:
E: 10 g, F: 61 g, Kh: 45 g
kJ: 3393, kcal: 811

FÜR ERWACHSENE

1 Schlagsahne in einer Fonduepfanne auf der Kochstelle erhitzen (nicht kochen). Pulverkaffee unterrühren.

2 Vollmilchschokolade in kleine Stücke brechen, in der Sahne unter ständigem Rühren schmelzen lassen.

3 Nach Belieben Rum hinzugießen, das Fondue auf dem Rechaud weiterköcheln lassen.

Beigabe: *Weißbrot, Sandkuchen, Biskuitgebäck, Ananasstücke, Mandarinenspalten, gedünstete Apfel- und Birnenspalten, Feigen.*

Schoko-Minz-Fondue

Zutaten

120 g Zartbitterschokolade
250 g heller Sirup
300 ml Schlagsahne
500 ml (½ l) Milch
30 g Speisestärke
einige Tropfen Pfefferminzöl (a. d. Apotheke)

Zubereitungszeit:
20 Minuten

Pro Portion:
E: 8 g, F: 37 g, Kh: 74 g
kJ: 2853, kcal: 681

1 Schokolade in Stücke brechen. Sirup, Sahne und 300 ml Milch aufkochen lassen, dabei gelegentlich umrühren.

2 Übrige Milch und Speisestärke verrühren. In die kochende Sirupmischung rühren und kurz köcheln lassen. Fondue mit Minzöl abschmecken.

Zum Dippen: *1 Packung tiefgekühlte Mini Windbeutel mit Schoko-Creme (200 g), Mini-Zitronat-Pfannkuchen, Mini-Johannisbeer-Küchlein, 50 g zartes Orangengebäck (z.B. Azora von Bahlsen), 8 Herz-Eiswaffeln, 1 Sternfrucht (Karambole), in Scheiben, 75 g Kapstachelbeeren (Physalis), je 150 g grüne und blaue Weintrauben und 250 g Erdbeeren.*
Beigaben: *Schokostreusel und geröstete Mandelblättchen.*

Mini-Zitronat-Pfannkuchen

Zutaten

25 g Zitronat (Sukkade)
1 Ei (Größe M)
50 ml Milch, 50 g Weizenmehl
1 Prise Salz, 3 EL Speiseöl

Zubereitungszeit:
30 Minuten

Pro Portion:
E: 4 g, F: 11 g, Kh: 14 g
kJ: 755, kcal: 180

1 Zitronat fein hacken. Ei, Milch, Mehl und Salz verrühren. Zitronat unterrühren.

2 Die Hälfte des Öls in einer beschichteten Pfanne erhitzen. Für jeden Mini-Pfannkuchen 1 Esslöffel Teig hineingeben und bei mittlerer Hitze etwa 2 Minuten von jeder Seite goldbraun backen. Aus dem übrigen Teig im restlichem Öl wie beschrieben weitere Mini-Pfannkuchen backen.

Mini-Johannisbeer-Küchlein

Zutaten

2 Eier (Größe M), 50 ml Milch
50 g Weizenmehl, 1 Prise Salz
50 g frische oder tiefgekühlte rote Johannisbeeren
4 EL Speiseöl

Zubereitungszeit:
35 Minuten

Pro Portion:
E: 6 g, F: 16 g, Kh: 11 g
kJ: 926, kcal: 221

FÜR KINDER

1 Eier trennen. Eigelbe, Milch, Mehl und Salz verquirlen. Frische Johannisbeeren waschen, trockentupfen und von den Rispen streifen.

2 Eiweiß steif schlagen und mit einem Schneebesen unter den Teig heben. 2 Esslöffel Öl in einer beschichteten Pfanne erhitzen. Für jedes Küchlein 1 Esslöffel Teig hineingeben. Die Hälfte der frischen oder tiefgekühlten Johannisbeeren darauf streuen und zugedeckt bei mittlerer Hitze von jeder Seite etwa 3 Minuten goldbraun backen. Aus dem übrigen Teig im restlichem Öl wie beschrieben weitere Küchlein backen.

Sahne-Karamell-Fondue

Zutaten

450 ml Milch
1 Dose gezuckerte Kondensmilch (400 g)
200 ml Schlagsahne
300 g Sahne-Karamell-Bonbons (z.B. Kuhbonbons)
30 g Speisestärke

Zubereitungszeit:
15 Minuten

Pro Portion:
E: 13 g, F: 30 g, Kh: 80 g
kJ: 2796, kcal: 667

1 Milch, Kondensmilch und 100 ml Sahne in einen Topf gießen. Karamellbonbons dazugeben und unter gelegentlichem Rühren schmelzen lassen.

2 Übrige Sahne und Speisestärke verrühren. In die kochende Bonbonmischung rühren und kurz köcheln lassen, in einen Fonduetopf geben.

Zum Dippen: *Nougatecken, Marzipan-Kugeln, 100 g kleine Kokosmakronen, 8 Herz-Eiswaffeln, 100 g fertiger Sandkuchen, in Würfel geschnitten, 100 g Frühstückswaffeln und 4 Scheiben Zwieback, geviertelt.*
Beigaben: *gehobelte Zartbitterschokolade, Mokka-Puder (1 Teelöffel Instant-Kaffee und 1 Esslöffel Puderzucker mischen und durch ein feines Sieb streichen).*

Nougatecken

Zutaten

40 g Haselnussblättchen
150 g Nougat
50 g Halbbitter-Kuvertüre
1 fertiger Schoko-Biskuitboden (etwa 130 g)

Zubereitungszeit:
30 Minuten, ohne Kühlzeit

Pro Portion:
E: 7 g, F: 18 g, Kh: 56 g
kJ: 1774, kcal: 424

1 Haselnussblättchen in einer beschichteten Pfanne ohne Fett goldbraun rösten. Sofort herausnehmen und abkühlen lassen. Nougat und Kuvertüre in einer kleinen Schüssel im Wasserbad bei schwacher Hitze schmelzen.

2 Biskuit zerkrümeln. Nougat, Kuvertüre und Biskuitkrümel zu einer glatten Masse verarbeiten. Hälfte der Haselnussblättchen auf ein Stück Pergamentpapier streuen. Nougatmasse darauf zu einem Rechteck (etwa 15 x 10 cm) streichen. Übrige Haselnussblättchen darüber streuen und leicht andrücken. Etwa 1 Stunde kühl stellen. Nougat-Rechteck längs halbieren und in Dreiecke schneiden.

Marzipankugeln

Zutaten

50 g getrocknete Aprikosen
100 g Marzipanrohmasse
30 g Cornflakes

Zubereitungszeit:
20 Minuten

Pro Portion:
E: 4 g, F: 9 g, Kh: 23 g
kJ: 828, kcal: 198

FÜR KINDER

1 Aprikosen fein hacken und mit dem Marzipan verkneten. Aus der Masse etwa 16 kleine Kugeln formen.

2 Cornflakes zerbröseln und auf einen Teller geben. Kugeln in den Cornflakes wenden. Cornflakes leicht andrücken.

Tipp: *Sie können statt der gewöhnlichen Cornflakes auch Cornflakes mit Nussstückchen, z.B. Crunchy Nut, verwenden.*

Weihnachtsfondue

Zutaten

750 ml Apfelsaft
2 Pck. Glühweingewürz
Schale von ½ Zitrone (unbehandelt)
1 EL Korinthen
80 g Butter
60 g Weizenmehl
1 Becher (150 g) Crème fraîche

Zubereitungszeit:
15 Minuten

Pro Portion:
E: 3 g, F: 28 g, Kh: 32 g
kJ: 1698, kcal: 407

RAFFINIERT

1 500 ml Apfelsaft mit Glühweingewürz, Zitronenschale und Korinthen aufkochen und 10 Minuten köcheln lassen.

2 Butter schmelzen. Mehl darin anschwitzen. Restlichen Apfelsaft unter Rühren nach und nach dazugeben. Gewürzten Apfelsaft durch ein Sieb gießen und ebenfalls unterrühren. Fondue bei milder Hitze unter gelegentlichem Rühren 10 Minuten köcheln lassen.

3 Crème fraîche unterrühren und kurz aufkochen lassen. Das Fondue umfüllen und servieren.

Zum Dippen: *gefüllte Datteln und Trockenpflaumen, Kokoswürfel, 100 g gewürfelter Honigkuchen, 300 g Apfelspalten, 200 g Birnenspalten, 100 g Ananasstücke (aus der Dose) und Mandelspekulatius.*
Beilagen: *Haselnusskrokant und Rumrosinen.*

Kokoswürfel

Zutaten

4 dicke Scheiben Kastenweizenbrot (200 g)
120 g Zucker
75 g Butter
2 EL Schlagsahne
4 EL Kokosraspel

Zubereitungszeit:
15 Minuten

Pro Portion:
E: 5 g, F: 25 g, Kh: 59 g
kJ: 2047, kcal: 489

FÜR KINDER

1 Brot in etwa 2 cm große Würfel schneiden.

2 Zucker goldbraun karamellisieren lassen. Butter und Sahne dazugeben und unter Rühren so lange kochen, bis die Butter geschmolzen ist.

3 Brotwürfel in den Karamell geben und bei milder Hitze so lange darin wenden, bis der Karamell aufgesogen ist. Kokosraspel nach und nach darüber streuen. Kokoswürfel auf einem Kuchengitter abkühlen lassen.

Gefüllte Datteln und Trockenpflaumen

Zutaten

70 g Marzipan-Rohmasse
1 TL fein gehackte Pistazienkerne
6 getrocknete Datteln
6 getrocknete Pflaumen (ohne Steine)

Zubereitungszeit:
10 Minuten

Pro Portion:
E: 3 g, F: 7 g, Kh: 26 g
kJ: 796, kcal: 190

FÜR GÄSTE – GUT VORZUBEREITEN

1 Marzipan-Rohmasse und Pistazienkerne verkneten, zu einer Rolle formen und in 12 Stücke teilen.

2 Datteln längs aufschneiden und die Steine entfernen. Pflaumen längs aufschneiden. Datteln und Pflaumen mit Marzipan füllen und leicht zusammendrücken.

Schokoladenfondue

(Foto)

Zutaten

500 ml (½ l) Schlagsahne
1 Vanilleschote
1 EL Weinbrand
je 150 g Kuvertüre (Zartbitter und Vollmilch)
600–800 g Früchte, z. B. Erdbeeren, Kirschen, Weintrauben

Zubereitungszeit:
25 Minuten

Pro Portion:
E: 14 g, F: 82 g, Kh: 111 g,
kJ: 5420, kcal: 1295

EINFACH – FÜR ERWACHSENE

1 Sahne mit aufgeschlitzter Vanilleschote und Weinbrand zum Kochen bringen, etwa 5 Minuten kochen lassen und die Vanilleschote herausnehmen.

2 Kuvertüre in Stücke schneiden, zur Sahne geben, unter Rühren auflösen. Schokoladensauce im Fonduetopf warm halten.

3 Früchte putzen und in Stücke schneiden. Butterkekse und Sandkuchenwürfel auf einem Teller anrichten. Das Obst und die Kuchenwürfel auf Fonduegabeln stecken und in der Schokoladensauce wenden. Kekse mit einem Ende in die Sauce tauchen.

Beigabe: *200 g Butterkekse, 150 g Sandkuchenwürfel, Weißbrot, Waffeln, Früchte, z.B. Birnenspalten, Pfirsich- und Aprikosenspalten.*

1882

Orientalisches Fondue

Zutaten

750 ml (¾ l) Wasser
Schale von ¼ Zitrone (unbehandelt)
130 g Zucker
40 g Speisestärke
10 g Butter, 5 EL Wasser
4–5 EL Zitronensaft
2 EL Rosenwasser (Reformhaus oder Apotheke)
1 TL neutraler Honig, z. B. Rapshonig

Zubereitungszeit:
25 Minuten

Pro Portion:
E: 0 g, F: 2 g, Kh: 44 g
kJ: 819, kcal: 196

RAFFINIERT

1 Wasser, Zitronenschale und Zucker in einen Fonduetopf geben und 10 Minuten köcheln lassen.

2 Zitronenschale entfernen. Stärke und Wasser verrühren, einrühren und kurz köcheln lassen. Butter darin schmelzen lassen.

3 Fondue mit Zitronensaft, Rosenwasser und Honig abschmecken.

Zum Dippen: *kalte Reisklöße mit Safran, Joghurt-Grieß-Bällchen, Walnußkugeln und Blätterteigstreifen.*
Beigaben: *4 geviertelte Feigen, 2 filetierte Orangen, 300 g entsteinte Süßkirschen, 3 in Spalten geschnittene Nektarinen.*

Kalte Reisklöße mit Safran

Zutaten

400 ml Milch
50 g Zucker
3 grüne Kardamomkapseln
120 g Milchreis
1 Päckchen gemahlener Safran
1 Ei (Größe M)
1 Päckchen Vanillinzucker
Schale von 1 Zitrone (unbehandelt)

Zubereitungszeit:
1 Stunde, ohne Abkühlzeit

Pro Portion:
E: 6 g, F: 6 g, Kh: 26 g
kJ: 786, kcal: 187

DAUERT ETWAS LÄNGER

1 Milch, Zucker und Kardamom aufkochen. Reis und Safran unter Rühren einstreuen und aufkochen lassen. Zugedeckt bei milder Hitze 35–40 Minuten garen, dabei gelegentlich umrühren.

2 Reis lauwarm abkühlen lassen. Ei und Vanillinzucker schaumig schlagen und unter den Reis heben. Mit zwei angefeuchteten Teelöffeln etwa 24 kleine Klöße abstechen.

3 Zitronenschale in reichlich Wasser aufkochen. Klöße im siedenden Wasser etwa 10 Minuten garen. Mit der Schaumkelle herausheben und abtropfen lassen.

Tipp: *Wer keine Kardamomkapseln bekommt, kann auch 2 Messerspitzen gemahlenen Kardamom verwenden. Kardamomkapseln gibt es in Asia-Läden.*

Joghurt-Grieß-Bällchen

Zutaten

- 250 ml (¼ l) Milch
- 1 TL Vanillin-Zucker
- 150 g Hartweizengrieß
- 1 Ei (Größe M)
- 50 g Zucker
- 150 g Vollmilchjoghurt
- Schale von ½ Zitrone (unbehandelt)

Zubereitungszeit:
30 Minuten, ohne Abkühlzeit

Pro Portion:
E: 9 g, F: 6 g, Kh: 46 g
kJ: 1193, kcal: 285

FÜR KINDER

1 Milch und Vanillin-Zucker aufkochen. Grieß unter Rühren einstreuen und aufkochen lassen. Bei milder Hitze etwa 3 Minuten köcheln lassen, dabei gelegentlich umrühren. Vom Herd nehmen.

2 Ei und Zucker schaumig schlagen, Joghurt unterheben. Joghurtmasse unter den Grieß heben. Grieß abkühlen lassen.

3 Aus der Grießmasse mit angefeuchteten Händen etwa 16 Bällchen formen.

4 Zitronenschale in reichlich Wasser aufkochen. Bällchen im siedenden Wasser etwa 10 Minuten garen. Mit der Schaumkelle herausheben und abtropfen lassen.

Walnusskugeln

Zutaten

- 4 Löffelbiskuits
- 100 g Marzipanrohmasse
- 50 g gemahlene Walnusskerne
- 2–3 TL Schlagsahne
- 8 halbierte Walnusskerne

Zubereitungszeit:
15 Minuten

Pro Portion:
E: 8 g, F: 25 g, Kh: 23 g
kJ: 1535, kcal: 367

GUT VORZUBEREITEN

1 Löffelbiskuits in einen Gefrierbeutel geben und mit der Kuchenrolle fein zerkrümeln.

2 Marzipanrohmasse, gemahlene Walnüsse, Sahne und Biskuitkrümel verkneten. Daraus 16 Kugeln formen. In jede Kugel eine Walnusskernhälfte drücken.

Blätterteig-Zimt-Streifen

Zutaten

- ½ Paket tiefgekühlter Blätterteig (3 Scheiben = 225 g)
- 1 EL gemahlener Zimt
- 1 EL Zucker
- 1 Eigelb (Größe M)
- 1 EL Milch
- Mehl zum Bearbeiten

1 Teigplatten nebeneinander ausbreiten und abgedeckt bei Zimmertemperatur auftauen lassen. Zimt und Zucker mischen. Eigelb und Milch verquirlen.

2 Teigplatten auf der bemehlten Arbeitsplatte aufeinanderlegen und zu einem Quadrat (etwa 24 x 24 cm) ausrollen. 5 Minuten ruhen lassen. Teig mit der Gabel mehrfach einstechen.

3 Teigkanten rundherum gerade schneiden. Teig mit Eigelb-Milch bestreichen und mit Zimtzucker bestreuen.

4 Aus dem Teig 24 Streifen (8 x 3 cm) schneiden und auf ein mit Backpapier belegtes Backblech legen, das Backblech in den Backofen schieben.

Ober-/Unterhitze: etwa 200 °C (vorgeheizt)
Heißluft: 180–200 °C (vorgeheizt)
Gas: etwa Stufe 3 (vorgeheizt)
Backzeit: 12–18 Minuten.

Zubereitungszeit:
25 Minuten, ohne Auftauzeit

Pro Portion:
E: 4 g, F: 17 g, Kh: 29 g
kJ: 1219, kcal: 292

GUT VORZUBEREITEN

Whiskyfondue

Zutaten
- 400 ml Schlagsahne
- 100 g Vollmilchschokolade
- 100 g Halbbitterschokolade
- 2 EL Instant-Kaffeepulver
- 75 ml Whisky

1 Schlagsahne in einem Fonduetopf auf der Kochstelle erhitzen (nicht kochen). Schokolade in kleine Stücke brechen, in der Sahne unter ständigem Rühren schmelzen lassen.

2 Kaffeepulver und Whisky unterrühren.

3 Das Fondue auf dem Rechaud weiterköcheln lassen.

Beigabe: *Ananasstückchen, Birnenachtel, Mandarinenspalten, Ingwerscheiben, helles Graubrot.*

Zubereitungszeit:
20 Minuten

Pro Portion:
E: 7 g, F: 46 g, Kh: 27 g
kJ: 2594, kcal: 620

FÜR ERWACHSENE

Kaffeefondue

Zutaten
500 ml (½ l) Milch
50 g Halbbitterschokolade
4 EL Instant-Kaffeepulver
brauner Zucker
gemahlener Zimt

Zubereitungszeit:
30 Minuten

Pro Portion:
E: 6 g, F: 8 g, Kh: 15 g
kJ: 701, kcal: 167

FÜR GÄSTE

1 Milch in einem Fonduetopf auf der Kochstelle erhitzen.

2 Schokolade in kleine Stücke brechen, in der Milch unter ständigem Rühren schmelzen lassen.

3 Kaffeepulver unterrühren, mit Zucker und Zimt abschmecken, das Fondue auf dem Rechaud weiterköcheln lassen.

Beigabe: *Butterbrötchen, Sandkuchen (mit Rum oder Weinbrand beträufelt), Löffelbiskuits, Schlagsahne.*

Pudding-Rum-Fondue

(Foto)

Zutaten
250 ml (¼ l) Schlagsahne oder Milch
½ Päckchen Pudding-Pulver Vanille-Geschmack
250 ml (¼ l) Rumtopf-Flüssigkeit

Zubereitungszeit:
15 Minuten

Pro Portion:
E: 2 g, F: 20 g, Kh: 23 g
kJ: 1265, kcal: 302

FÜR ERWACHSENE

1 Schlagsahne oder Milch in einem Fonduetopf auf der Kochstelle zum Kochen bringen.

2 Pudding-Pulver mit Rumtopf-Flüssigkeit anrühren, unter Rühren in die von der Kochstelle genommene Sahne (Milch) geben, aufkochen lassen.

3 Das Fondue auf dem Rechaud weiterköcheln lassen.

Beigabe: *Makronen, Knuspergebäck, Früchte aus dem Rumtopf, Orangenspalten, Kiwis in Scheiben, Aprikosen- und Ananasstücke.*

Tipp: *Wer keine Rumtopf-Flüssigkeit hat, kann 150 ml Schlagsahne und 100 ml Rum verwenden.*

Ratgeber

Für die Gastgeber sind Fondue und Raclette eine praktische Sache, weil alles rechtzeitig vorbereitet werden kann. So bleibt die gesellige Runde zusammen und keiner muss immer wieder in die Küche laufen, um etwas nachzuholen oder neue Gänge anzurichten.
Bei Fondue und Raclette werden zu Beginn des Essens alle Zutaten auf oder neben dem Tisch bereitgestellt, inklusive aller Beigaben und Getränke.

Die Geräte

Das Wichtigste auf dem Fondue- bzw. Raclettetisch ist das Gerät in der Tischmitte, das der Art des Fonudes bzw. Raclettes entsprechend ausgewählt werden muss.
Bei der Auswahl des Tisches sollte darauf geachtet werden, dass der Fonduetopf oder das Raclette bequem für alle Gäste erreichbar sind und alle Gäste genug Armfreiheit haben.
Wenn mehr als 6 Personen mitessen, ist es empfehlenswert, zwei oder mehr Fonduetöpfe auf den Tisch zu stellen. (Vielleicht ist ein Gast so freundlich, sein Gerät mitzubringen.) Denn bei mehr als 6 Personen wird der Weg zum Gerät zu weit. Brühe oder Fett kühlen während des Fondues zu stark aus, wenn zu viel auf einmal darin gegart wird.
Man kann auch zwei verschiedene Fondues servieren, z. B. ein Fettfondue und ein Brühenfondue und wird so verschiedenen Vorlieben gerecht. Fonduetopf, Saucen- und Dipschalen, Brot und Salat benötigen auf dem Tisch genügend Platz. Es kann notwendig sein, für die Getränke evtl. Beistelltische bereitzuhalten.
Bei den Brennern sollten Sie sich an die Anweisungen des Herstellers halten, was insbesondere die Sicherheitshinweise beim Nachfüllen der Brenner betrifft. Besonders präzise lassen sich elektrische Geräte regeln.
Die Töpfe müssen der Art des Fondues entsprechen. Zum Garen in siedendem Fett und in kochender Brühe eignen sich am besten hohe Töpfe, die sich nach oben hin verjüngen und eine enge Öffnung haben, damit es nicht spritzt.
Die Töpfe für Käsefondues sind eine Art flache Keramik-Kasserolle mit einem langen Griff. Ebenso gut eignen sich andere flache Töpfe aus feuerfestem Material, deren Öffnung sich ein wenig verengt.
Für süße Fondues hängt die Auswahl des Topfes von der Hitzequelle ab, da viele dieser Fondues nur heiß bleiben müssen. Dabei ist es wichtig, dass die Töpfe die Hitze auf dem Stövchen mit Kerze oder der Elektro-Warmhalteplatte gut halten.
Darüber hinaus werden Essbesteck und Fonduegabeln benötigt. Fonduegabeln müssen bei Fettfondues einen Griff haben, der nicht heiß werden kann. Für kleine, weiche Zutaten, die von den Fonduegabeln rutschen würden, sind kleine Metallsiebchen oder -körbchen praktisch. Es gibt sie in Asia-Läden oder Haushaltswarengeschäften.

Zutaten und Zubereitung

Käsefondues

Für Käsefondues sind abgelagerte Käsesorten besonders geeignet, da sie nicht oder kaum noch Fäden ziehen. Schmelzfähig sind jedoch alle Käse, probieren Sie ruhig auch andere als die angegeben Käsesorten aus.
Käsefondues werden zunächst auf der Kochstelle in einem Topf mit dickem Boden bei mittlerer Hitze geschmolzen. Dabei sollten Sie die Masse immer in Form einer Acht durchrühren, damit sie nicht ansetzt.
Zum Eintauchen in das Käsefondue eignen sich außer Brot viele andere Zutaten und Zubereitungen, die köstlich schmecken, wenn sie kurz in die heiße Käsemasse getaucht wer-

den. Brot sollten Sie so in mundgerechte Stücke schneiden, dass jedes Stück wenigstens an einer Seite noch knusprige Rinde hat, damit die Fonduegabel daran Halt findet. Lassen Sie sich aber auch von unseren Vorschlägen und Rezepten inspirieren und probieren Sie ruhig auch neue Kombinationen aus.

Raclette

Das Raclette ist ein Käsegericht aus dem Schweizer Kanton Wallis. In früheren Zeiten war es ein Essen der Bergbauern. Heute wird Raclette in vielen Restaurants und auch in Privathaushalten in fröhlicher Runde zubereitet. Freilich nur selten in der ursprünglichen Form. So ist das Original-Rezept: Große Käsestücke (Laibe) werden mit der Schnittfläche an die Glut der Feuerstelle (Kamin) gehalten, bis die Oberfläche des Käses weich zu werden beginnt. Diese weiche, leicht gebräunte Schicht wird mit einem Spezial-Messer, dem Raclette, auf vorgewärmte Teller geschabt und mit geschrotetem Pfeffer bestreut serviert. Da diese Zubereitungsart in nur wenigen Haushalten möglich ist, wurden spezielle Raclette-Geräte entwickelt. In diesen Pfännchen lassen sich am Tisch viele Zutaten mit Käse schmackhaft überbacken.

Fondues aus dem Fettbad

Das wichtigste beim Fritieren ist die richtige Auswahl des Fettes. Besonders gut zum Fritieren eignen sich feste Pflanzenfette und -öle. Pflanzenöle gibt es als sogenannte sortenreine Öle, z. B. Sonnenblumenöl, oder Ölmsichungen, die unter verschiedenen Namen im Handel sind. Zum Fritieren sollten möglichst geschmacksneutrale Öle verwendet werden, die sich gut erhitzen lassen, z. B. Erdnussöl. Feste weiße Pflanzenfette sind besonders hitzestabil und geschmacksneutral, sie bestehen hauptsächlich aus Palmkern- oder Kokosfett. Kaltgepresste Öle und Olivenöl eignen sich nicht zum Fritieren, da die darin enthaltenen Fettsäuren sich bei großer Hitze verändern. Butter und Margarine sind ebenfalls nicht geeignet, da sie Wasser enthalten und deshalb spritzen.

Füllen Sie den Fonduetopf nur zur Hälfte mit Fett, damit es beim Hineingeben der Zutaten nicht herausspritzt und sich evtl. an der - Flamme im Rechaud entzündet. Erhitzen Sie das Fett zunächst auf der Kochstelle auf etwa 180 °C und stellen Sie es erst dann auf den Rechaud.

Man sollte darauf achten, dass das Fett zum Fritieren heiß genug ist, damit der Fritiervorgang nicht zu lange dauert und Fleisch und Gemüse sich nicht mit Fett vollsaugen. Die Fett-Temperatur ist optimal, wenn sich die Poren des Gargutes sofort schließen. Dann steigen rund um das Gargut kleine Bläschen auf.

Verwenden Sie das Fett nicht häufiger als dreimal. Lassen Sie es nach jedem Gebrauch durch ein mit Küchen- oder Filterpapier ausgelegtes Sieb laufen, um Verunreinigungen zu entfernen.

Verbrauchtes Fett sollten Sie in ein gut verschließbares Gefäß geben und in den Hausmüll oder zu einer Altölsammelstelle geben. Es gehört auf keinen Fall in den Ausguss.

Fondues aus der Brühe

Die Brühe für Fondues aus der Brühe sollte hochwertig sein, da die Brühe auch für den Geschmack der Zutaten, die hineingetaucht werden, entscheidend ist. Es eignen sich Brühen oder Fonds aus dem Glas oder selbstgemachte Brühen. Sie können mit Wein, Sherry, Reiswein oder Würzsaucen noch verfeinert werden.

Süße Fondues

Süße Fondues eignen sich als Partyspaß für große und kleine Kinder. Sie können sie aber auch als geselliges Ende eines Essens vorbereiten. Bereiten Sie die Fonduemasse auf der Kochstelle vor und halten Sie sie auf einer Wärmeplatte oder einem Stövchen warm.

Wichtig!

Beachten Sie die Bedienungsanleitung und Sicherheitshinweise des Herstellers der Geräte, die Sie verwenden.

Kapitelregister

Kapitelregister

Salate, Saucen & Beilagen

Süße Fondues

Alphabetisches Register

Alphabetisches Register

Umwelthinweis:	Dieses Buch und der Einband wurden auf chlorfrei gebleichtem Papier gedruckt. Die Einschrumpffolie – zum Schutz vor Verschmutzung – ist aus umweltverträglichem und recyclingfähigem PE- Material.
	Die Rezepte aus diesem Buch sind – wenn nicht anders angegeben – für 4–6 Personen berechnet, je nach dem wieviel Beigaben Sie dazugeben und ob Sie noch ein Dessert anschließend servieren.
	Wenn Sie Anregungen, Vorschläge oder Fragen zu unseren Büchern haben, rufen Sie uns unter folgender Nummer an (0521) 52 06 50 oder schreiben Sie uns. Wir antworten umgehend:
	Ceres Verlag, Rudolf August Oetker KG, Redaktion, Am Bach 11, 33602 Bielefeld
Copyright	© 1999 by Ceres Verlag, Rudolf August Oetker KG, Bielefeld
Redaktion	Carola Reich
Fotos Titelfoto	 Thomas Diercks, Hamburg
Innenfotos	Ulrich Kopp, Füssen Thomas Diercks, Hamburg Herbert Maass, Hamburg Brigitte Wegner, Bielefeld Norbert Toelle, Bielefeld
Rezeptentwicklung	Anke Rabeler Hamburg
Rezeptentwicklung und -beratung	 Heide Hagendorf, Bad Rothenfelde Mechthild Plogmaker, Bielefeld
Grafisches Konzept Gestaltung Titelgestaltung	Björn Carstensen, Hamburg Kontur Design, Bielefeld Kontur-Design, Bielefeld
Reproduktionen Satz Druck und Bindung	Kruse Reproduktionen, Vreden Typografika, Bielefeld Mohndruck Graphische Betriebe GmbH, Gütersloh
	Nachdruck, auszugsweise, nur mit unserer ausdrücklichen Genehmigung und mit Quellenangabe gestattet.
	ISBN 3-7670-0238-8